読書アンケート 2023

識者が選んだ、この一年の本

みすず書房編

みすず書房

目次

加藤 茂孝 1
白木 賢太郎 2
土田 昇 3
野田 正彰 4
花崎 皋平 5
徳永 恂 5
上村 忠男 6
齊藤 誠 7
渡辺 政隆 9
永田 洋 9
服部 文祥 10
加藤 尚武 11
小澤 実 12
藤井 省三 13
堀川 惠子 14
川那部 浩哉 15
鎌田 浩毅 17
榎本 空 17
栩木 伸明 18
豊下 楢彦 19
小沢 節子 20
酒井 忠康 21
山田 稔 23
佐藤 文隆 24
宮下 志朗 25
原 武史 26
細川 周平 27
山口 二郎 29
沼野 充義 30
奥山 淳志 32
白石 直人 33
大野 克嗣 33
吉田 徹 34
根本 彰 35
竹内 洋 37
青山 直篤 38
山内 一也 39
油井 大三郎 40
重田 園江 41
大島 幹雄 42
柿沼 敏江 43
頭木 弘樹 44
根井 雅弘 45
佐藤 文香 46
坂内 徳明 47
岡崎 宏樹 48
倉田 徹 49
斎藤 真理子 50
朽木 祥 51
宇野 邦一 52
松本 潤一郎 53
宮地 尚子 53
酒井 哲哉 54
飯田 隆 55
永江 朗 56
新城 郁夫 57
草光 俊雄 59
武藤 康史 62
岡田 秀則 62
江口 重幸 63
松家 仁之 65
斎藤 修 66
石川 美子 68
大井 玄 69
妙木 浩之 73
水島 治郎 75
新田 啓子 76
ブレイディ みかこ 77
山崎 雅人 78
蔭山 宏 79
澤田 直 79
阿部 公彦 80
最相 葉月 81
阿部 日奈子 82
西平 直 84
福嶋 聡 85
キャロル・グラック 86
犬塚 元 89
小谷 賢 89
斎藤 成也 90

三原　芳秋　91
生井　英考　92
和田　忠彦　93
瀬名　秀明　94
小野寺　拓也　96
宮﨑　裕助　97
郷原　佳以　98
今村　真央　99
川端　康雄　100
三島　憲一　102
板橋　拓己　103
松本　俊彦　105
神庭　重信　106
増田　耕一　107
巽　孝之　108
石原　千秋　110
上野　千鶴子　111
長谷　正人　112
早川　尚男　113
田﨑　晴明　114
李　静和　115
野崎　歓　116
野家　啓一　117
姜　信子　118
勝俣　誠　119
成田　龍一　120
富士川　義之　121
市村　弘正　123
栗原　彬　124
松沢　弘陽　124
伊佐　眞一　125
梅津　順一　126
廣瀬　浩司　127
蔵屋　美香　128
十川　幸司　129
千田　善　130
鈴木　布美子　131
國分　功一郎　132
堀　潤之　133
近藤　和彦　134
鎌田　慧　137
佐藤　良明　138
小松　美彦　140
丘沢　静也　141
斎藤　環　142
三中　信宏　143
亀山　郁夫　147
増田　聡　148
鈴木　了二　148
小沼　通二　150
轡田　收　151
野谷　文昭　152
川本　隆史　153
伊藤　憲二　156
ノーマ・フィールド　157
吉岡　忍　159
早川　由真　160
小谷　真理　161
鵜飼　哲　162

読書アンケート　2023

凡　例

一、新刊・既刊を問わず、二〇二三年中にお読みになった本のなかから、印象深かったものを挙げていただきました。

一、本書は、これまで雑誌『みすず』（みすず書房発行）の1・2月合併号として毎年、刊行してきた「読書アンケート特集」を引き継ぐものです。

一、ご執筆いただいた時点は二〇二三年です。

一、掲載順は不同です。

加藤　茂孝

（ウイルス学）

私は、もともと歴史が好きだったが、最近では科学を考えるにあたっても歴史的な視野が必要であることを痛感するようになっている。科学と歴史、そして広い視野で歴史を考えるにあたって印象的であった本を選んだ。

1　渡部良三『歌集　小さな抵抗——殺戮を拒んだ日本兵』岩波現代文庫、二〇一一年

無教会派のクリスチャンであった著者が中国において捕虜を銃剣で刺殺する軍事訓練をただ一人拒否した信仰の背景、その後の軍隊内での集団虐待、そして彼に対する中国人の温かい反応が、おだやかに理性的に、人を愛するという覚悟の厳しさをもって和歌で描かれている。自分ならば死を覚悟して拒否できるだろうかと問いかけてくる。

2　保阪正康『歴史の定説を破る——あの戦争は「勝ち」だった』朝日新書、二〇二三年

二〇二二年初め突然起きたウクライナへのロシアの侵攻を見て、急遽書かれたもので、明治以降の日本の戦争を「原価計算」という広い視点から評価している。まず、日清戦争は軍隊が賠償金獲得の事業体になり、「増長と差別の始まり」になったことを結果として「負け」と評価する。日露戦争も「軍人のごまかし」を助長し、未熟な軍エリートの「軍事哲学」があいまいになり、太平洋戦争への軍事的敗北につながるマイナスと評価する。しかし逆に、太平洋戦争の敗戦の原因を考えることが最大の財産になったという意味で太平洋戦争は「勝ち」という評価をする。軍事の敗者は非軍事の勝者になるという結論を示し、加害者と被害者の二つの顔を持つ日本だからこそその役割があると、有事の安易な戦争準備動向に対して警告する。

3　半藤一利『昭和史の人間学』文春新書、二〇二三年

2の著作が鳥瞰的に「原価計算」をすべきであったというのに対して、太平洋戦争時の個々の人物の思想・行動を半藤の著作から編集者の手で抜き書きされている。文章は短いが具体的で正しく的を射ている。卓抜な軍人、残念な軍人、政治家と官僚などに分けられている。読んでいて残念なのは、これらの的を射た評価が当時ではなく、七五年以上後になってから知らされることである。この評価を同時代の人々が活かすことができないとすれば現代に生きる人々は過去から賢く学ばなくてはならない。2、3の著作の視点を、3・11の津波対策について行った地震学者の本も挙げておく（島崎邦彦『3・11大津波の対策を邪魔した男たち』青志社、二〇二三年）。

4　山内一也『インフルエンザウイルスを発見した日本人』岩波科学ライブラリー、二〇二三年

インフルエンザウイルスの発見者は、教科書では長くアンドリュースということになっていたが、当時の研究者の論文を詳しく調べたフレデリック・マーフィーが日本人の山内保《やまのうち》であると再発見した。その顚末が同姓の山内によって書かれている。推理小説のようなワクワク感があった。まるで、ウイルス学における森鷗外の『渋江抽斎』だった。十数年かけて、多くの人々の協力で、疑問の一つずつが、少しずつほぐされて行き、時には突然予期していなかったルートと結びつき、山内保の生きいきとした実像が明らかにされて行く。著者の七〇年におよぶウイルス学の研究と、世界と繫がる交友関係を背景にしており、著者の研究史でもあるので、余計共感する部分がある。二〇世紀初めの微生物学の初期黄金期の様子が研究者の体温と共に豊かに簡潔に描かれている。

5　太田博樹『古代ゲノムから見たサピエンス史』吉川弘文館、二〇二三年

二〇二二年ノーベル賞受賞者のスベンテ・ペーボの古人骨（ネアンデルタール人、デニソワ人）のゲノム配列の決定前後、特に日本での状況を知らせてくれる。考え方がペーボによく似ているが、読み進めるとペーボの研究室での研究歴があることで納得した。日本では、縄文人の後に弥生人が入って入れ替わったと言われているが、実は時代的な前後関係以上に日本渡来以前にお互いがすでに混血していた、それもどうやら数回あったと推測される状況にある。それを研究で鋭意突き止めようとしている目的が明確であってワクワクさせられた。

白木　賢太郎（蛋白質科学）

1　ライアル・ワトソン『アースワークス――大地のいとなみ』内田美恵訳、ちくま文庫、一九八九年

一般書を書くことになり、学生の頃に影響を受けた本を再読した年になった。この本はその一冊で、科学とは何かについて最も考えた本である。サイコロを振ったとき次に出る目は誰にも予想できないが、多くの試行を重ねたあとの平均値であれば完全に予想できるのと同じように、ある出来事は長期的に見るとパターンが見えてくる。このような科学的な視点の動かし方に、あらためてナルホドと思う。

2　ライアル・ワトソン『ネオフィリア――新しもの好きの生態学』内田美恵訳、ちくま文庫、一九九四年

こちらもワトソン。興味を持った話題のひとつに、例えば雌雄の性別がある。多くの生物は無性生殖で問題なく生きている。熱帯雨林にある樹木は雌雄の区別があるものが多いが、温帯の日本ではそのような樹木はわずか三％だという。考えさせる行間がある科学的主題を、どうすれば見つけ出し、科

学から離れずに書けるのだろうか。

3　ユヴァル・ノア・ハラリ『サピエンス全史——文明の構造と人類の幸福』柴田裕之訳、河出文庫、二〇二三年

文庫に入ってから読んでみた大著。我々は年に一トンもの食べ物を摂取し、生命を維持しているが、何十億ものヒトの摂取するカロリーの半分はたった三種類の植物と二種類の動物から来ているという。畜産物とヒトは地球史で最も成功した生物の共存体系のひとつなのだろう。

4　ヒロシ『大人のソロキャンプ入門』SB新書、二〇二二年

一発屋を繰り返しているイメージがある著者だが、ご本人は好きなことをやり続けているだけのことで何も変わっていないのが共感を覚えた。研究生活も似たようなところがあり、相分離生物学なども「いま流行っていますね」などと言われることが増えたが、それまで長い間、周りが誰も注目しなかっただけのことである。本としては、ちょこちょこ入ってくる芸人としてのあの味わい深いつぶやきが文章で際立つ。思わぬ名著だった。

5　筒井康隆・蓮實重彦『笑犬楼vs.偽伯爵』新潮社、二〇二二年

すべての著作を読んでいる作家のひとり、筒井康隆の一冊で、蓮實重彦との往復書簡である。「詩にはいい表現や何かが確かにあるんだけれども、何でこんないい表現をきちんとまとまったストーリーの中でもっと効果的に使えないか」（筒井康隆）。「大江さんは言葉と正しく向き合おうとするとき、必ず成功する人だと思う。成功というのは、読みにくさそのものの責任を自分が引き受ける度量の大きさによるものです」（蓮實重彦）。繰り返し聴きたくなる音楽のフレーズのような言葉が本書のあちこちに見つかる。

土田　昇（刃物店店主）

1　林謙三『正倉院楽器の研究』風間書房、一九六四年

2　森まゆみ『暗い時代の人々』朝日文庫、二〇二三年

3　朝井まかて『類』集英社文庫、二〇二三年

4　村山由佳『風よあらしよ』集英社文庫、二〇二三年

5　蓮實重彦『ジョン・フォード論』文藝春秋、二〇二二年

手前事ながら、父が世話になった大工道具鍛冶に名工、千代鶴是秀がおり、彫刻家朝倉文夫と交流した事が知られている。朝倉は大正一〇年に東京美術学校彫刻科の教授となり、教え子に小室達が居て塑像科出身であるにもかかわらず師同様に是秀に木彫道具を注文している。その小室と同年に塑像科を卒業する者の中に長屋謙三という者があり、後に林謙三という名前の学者となる。正倉院御物中の楽器および古代中国の音律・音階を研究し、御物楽器そのものの復元と奏法の

復元を立体的に検証する『正倉院楽器の研究』には彫刻家的視点がちりばめられている。

『暗い時代の人々』第八章は文化学院創設者の話で、極短期に私の友人の彫刻家が、また彫刻家、西常雄も教師として勤めた学校ゆえ興味深く読む。友人の父上は佐藤忠良に教えをうけた者であり、佐藤や西常雄は戦前から社会運動にかかわり、朝倉文夫の娘、朝倉摂の戦後の社会運動にも結びつく。『類』は、森鷗外の子息、類の妻君が手術を受ける病院が、佐藤忠良の子息で医師となった方が後に院長となる病院である事に気付かされ、『風よあらしよ』には高村光太郎が、彫刻《手》を労働運動社に寄付しにゆき断られるエピソードがちゃんと記述されているなどと思い、楽しんで読めた。

『ジョン・フォード論』は、高校生時代に『映像の詩学』にびっくりさせられた記憶とともに読む。一人の映画監督にかかわる厖大を、各作品の出演俳優名を排して役柄名で論じつくす試みに、びっくりしたり気付かされるというよりは、酔わされた感が強く、『伯爵夫人』よりずっと文学的に思えた。

野田　正彰（精神病理学）

1　ワシーリー・グロスマン『人生と運命　新装版』全三巻、齋藤紘一訳、みすず書房、二〇二二年

かつて絶滅収容所トレブリンカへソ連の記者として最初に入ったとき、「恐ろしい真実を書くのが作家の義務であり、それを知るのが読者の義務である」とグロスマンは言っている。それから十数年をへて、彼はナチズムとソ連の全体主義が人間の抑圧において同じであったことを、物理学者ヴィクトルの一家の生と死を全三巻の巨大な絵巻のごとく描き出す。上手に構成しよう、美しく描こうといった作家根性はすでにない。本書を開いた私もまた「それを知るのは読者の義務である」と言われているような思いになった。訳者の齋藤さんは工学部卒の元通産省公務員。ロシア文学者でない彼にとっても、訳さなければならなかった運命の書だったのであろう。

2　エマニュエル・ドロア『デミーンの自殺者たち――独ソ戦末期にドイツ北部の町で起きた悲劇』剣持久木・藤森晶子訳、人文書院、二〇二三年

一九四五年四月三〇日、バルト海に近いプロイセンの古都デミーンは、ソ連軍に占領され、一〇〇〇人を超える人びとが川に入水し自殺していった。戦争の後も人間社会は続く。絶望を選ぶのではなく、生き続けられる社会をいかに創るか、ガザの事態を見守りながら考えさせられる研究。

3　下村作次郎『台湾原住民文学への扉――「サヨンの鐘」から原住民作家の誕生へ』田畑書店、二〇二三年

台湾原住民の文学を生涯の仕事として紹介、研究されてき

た下村教授の中間総括の本。永い歴史のある中華文化、急ごしらえの日本帝国主義。二つの文化との接触から生まれた「サヨンの鐘」と「義人呉鳳」の物語を軸に描いていく。

4 リムイ・アキ『懐郷』魚住悦子訳、田畑書店、二〇二三年

これまでの台湾原住民文学では、今日の原住民出身者が生きる家庭内暴力、アルコール中毒、都市へ出ての売春、家庭崩壊などはほとんど描かれてこなかった。父権社会に生きてきたタイヤル族男性が漢民族に支配され、二流の男になったとき、鬱屈した性と暴力は女性にむけられる。それに翻弄されながら生き抜いていくタイヤル女性の物語。内面の記述はまだ生硬だが、待ちに待った現代の台湾原住民文学である。

5 ベルンハルト・シュリンク『別れの色彩』松永美穂訳、新潮社、二〇二三年

フンボルト大学法学教授であり、ドイツの流行作家でもあるシュリンクは、戦後の西ドイツを上手に泳ぎわたる知識人。ナチ加担、シュタージ、ドイツ赤軍へのかかわりを、都市の男女の性愛によって色づけしながら描き続ける。『懐郷』の対極にある上手だが内容のない文学に、今回も感心する。

花崎　皋平

（著述業・社会思想）

二〇二三年度で、私がもっともよろこび、読んだ書籍は、沖縄の金武湾闘争史編集刊行委員会編『海と大地と共同の力――反ＣＴＳ金武湾闘争史』（ゆい出版）です。全三八二ページ、九九〇〇円の大きな本です。金武湾闘争は、前史が一九六七年から始まり、一九七〇年代前半にはげしく闘われた住民闘争で、金武湾を埋立てて石油備蓄基地を建設する企てをめぐって闘われました。私は現地にも行き、つよい関心を持って今日までその全容を知ろうとしてきましたので、この大著を仕上げた沖縄住民の底力に深く感動して読みました。今年度の読書としては、これ一点だけあげたいと思います。

徳永　恂

（現代ドイツ思想）

1 テオドール・W・アドルノ『哲学用語入門――テルミノロギー』高橋順一訳、作品社、二〇二三年

アドルノ最晩年の講義、それを直接聞いた数少ない日本人の一人なので、彼の語り口を懐かしく想い起こした。その口吻を通じて、彼自身の人間を感知させてくれると言えようか。

2 正津勉『裏日本的――くらい・つらい・おもい・みたい』作品社、二〇二三年

風土には、地政学的理論枠では捉えきれない独特の土地感情がまつわりついている。その日本での実例をユニークに写し出している。

3　浜日出夫『戦後日本社会論――「六子」たちの戦後』有斐閣、二〇二三年

かつてシュッツ対パーソンズ論争などを研究対象としていた理論社会学者が定年後に、三人称の女性に託して描き出した現代社会批判。理論家の行き着く所、あるいは帰っていく所を如実に示していると言えようか。

4　少し前（二〇一九年）に出た本だが、ポール・モーランド『人口で語る世界史』（渡会圭子訳、文藝春秋）。人類の命運を物語る「大きな物語」としての世界史のキー・ワードは、時代が変わっても、人口と戦争であり続けるようだ。これはマルサス以来、いやヘラクレイトス以来変わることなき運命なのだろうか。

上村　忠男

（学問論・思想史）

1　和辻哲郎『ホメーロス批判』要書房、一九四六年

先般、山本ひろ子の主宰する成城寺小屋講座土曜会でヴィーコにおける「真のホメーロスの発見」の意味するところについて報告する機会があった。その報告の準備過程で読む。大正の末ごろに作成した講義草案が元になっているとのことであるが、それを二十数年後に公刊するにいたった理由を説明したなかで、「ケーベル先生」が一九二三年に死去する直前に和辻に語ったという《Philosophie（哲学）は非常に多くのことを約束してゐるが、自分は結局そこからあまり得るところはなかつた。Philologie（文学）は何も約束してはゐないが、今となつて見れば自分は実に多くのものをそこから学ぶことができた》という言葉が引かれているのが印象に残った。

2　『HAPAX II-1　脱構成』以文社、二〇二三年

ヴァルター・ベンヤミンの「暴力批判論」（一九二一年）に《互いに依拠しあっている法と暴力の、そして究極的には国家暴力の Entsetzung にこそ、新しい歴史の時代はもとづいている》という一節がある。野村修訳では「廃止」、山口裕之訳では「力を剝奪する」となっているこの“Entsetzung”にジョルジョ・アガンベンは『身体の使用』（二〇一四年）で“destituzione”というイタリア語をあてがっている。そしてここから“potenza destituente”という語をひねり出している。これにわたしは「脱構成的可能態」という訳語をあてがったのだったが、今回の『HAPAX II-1』の特集では「脱構成」という語がここのところ世界各地で起きている蜂起ないし叛乱の内実をみごとに言い当てていることが示されていて、なかなか興味深い。

3　ロドルフ・ガシェ『地理哲学――ドゥルーズ＆ガタリ『哲学とは何か』について』大久保歩訳、月曜社、二〇二一年

ドゥルーズとガタリの『哲学とは何か』（一九九一年）に

ついては近藤和敬『哲学とは何か』を精読する――〈内在〉の哲学試論』（講談社選書メチエ、二〇二〇年）から彼らのいう「内在」の概念にかんして多くを学ぶところがあった。一方、ロドルフ・ガシェの本書では、『哲学とは何か』のうちでも、ドゥルーズとガタリがブローデルの構想した「地理 - 歴史学」（géo-histoire）にならって「地理 - 哲学」（géo-philosophie）と名づけているものに焦点を絞って、考察がなされている。これはこれでなかなか興味深い考察である。ただ、「地理 - 哲学」という観念はニーチェにまで遡らなければならないとしても、用語自体はドゥルーズとガタリの造語であるとあるが（四五頁）、用語にかんしても、すでに文化史家のオイゲン・ディーゼルが『ドイツ的転回――ある民族の像』（一九二九年）のなかで“Geophilosophie”という語を使っていたことを想起してしかるべきだっただろう。

4　鵜飼哲『いくつもの砂漠、いくつもの夜――災厄の時代の喪と批評』みすず書房、二〇二三年

二〇二二年九月のことである。画家の福山知佐子から、わたしが廣石正和と共訳したジョルジョ・アガンベンの『アウシュヴィッツの残りのもの――アルシーヴと証人』（月曜社、二〇〇一年）に大きな感銘を受けたと言って、『花裂ける、廃絵逆めぐり』（水声社、二〇二一年）と題する画集が送られてきた。鵜飼の本書には、彼がその福山の画集に寄せた「もうひとつのリミット」という文章が、福山のエッセイ集『反絵、触れる、けだもののフラボン――見ることと絵画をめぐる断片』（水声社、二〇二一年）の書評「現れざる言葉、あるいはオマージュへのオマージュ」『L'ANTI-LION あんちりおん』三号（二〇一五年七月一日）とともに収められていて、特異な光彩を放っている。

齊藤 誠（経済学）

1　デヴィッド・グレーバー『負債論――貨幣と暴力の5000年』酒井隆史監訳、高祖岩三郎・佐々木夏子訳、以文社、二〇一六年

2　木庭顕『新版 ローマ法案内――現代の法律家のために』勁草書房、二〇一七年

3　岩井克人（前田裕之聞き手）『経済学の宇宙』日経ビジネス人文庫、二〇二一年

4　E・H・カントーロヴィチ『王の二つの身体――中世政治神学研究』小林公訳、ちくま学芸文庫、二〇〇三年

二〇二三年の読書のほとんどが、グレーバーの『負債論』が突き付けた問題に関わっていた。人と人が相互に信頼し扶助しあうもとで、財貨が能力に応じて持ち寄られ、必要に応

じて融通される仕組みが、家族や同僚という狭い範囲を超えた人間関係において可能なのであろうか。そのように私的所有権を棚上げにした〝コモン〟のような枠組みが、はたして現代社会において実現できるのであろうか。

確かに文化人類学のフィールド調査に基づく膨大な研究は、上述のような枠組みに関わる数多くの事例を私たちに提示してくれている。しかし、そうした事例は、非常に特殊な歴史と文化を有する共同体の紐帯に大きく依存している。また、そのような仕組みは、共同体内部の構成員に限定され閉じられたものになっている。法的な枠組みの下で意思決定が個人の自由に委ねられている現代社会において、多くの人々に開かれたものとして私的所有権の（少なくとも一時的な）棚上げという装置を立ち上げようとする場合、人類学の研究成果からヒントを得ることは決して容易でない。

そんなところで、自分にとって意外な書物との出会いがあった。三冊だけ挙げてみよう。

木庭の『ローマ法案内』には、私的所有権が一時的に棚上げにされる法的な仕組みが紹介されている。紀元前の共和政ローマで発達した委任、組合、寄託、銀行などの仕組みでは、そこに寄せられた財貨が「誰のものでもない」という性格を帯びる。たとえば、麦の売買を委ねられた仲介者の手元にある売り手からの麦と買い手からの地金は、仲介者のものでないだけでなく、売り手や買い手の債権者も差し押さえられない。仲介者、売り手、買い手は、自らが売買成就に最善を尽くすとともに、相手もそのように行動すると信頼している。すなわち、ボナ・フィデース（信義誠実の原則）に基づいた相互信頼が三者間で成立しているもとで円滑な売買が実現しているわけである。ただし、ボナ・フィデースに反し非協調的な行為をした者は、取引社会から追放される。

岩井は『経済学の宇宙』で自らの信任論（岩井は信認と書かず信任と書く）を熱く語っている。岩井は、「行為能力が限定された者」が「優れた行為能力を有する者」を全面的に信頼し、後者が前者の信頼に誠実に応える関係を信任関係と呼んでいる。そのような信任関係には、患者・医師、被告人・弁護士、未成年者・後見人、信託者・受託者が含まれる。信任関係においても、信任された者の私的所有権は著しく制限される局面がある。たとえば、信託制度において、受託者は、信託者から委ねられた資産の所有者であるにもかかわらず、その資産を自由に処分できない。受託者が信任義務に違反すれば、法的に厳しいペナルティーが科される。

岩井は、自然な身体を有しない会社法人（行為能力のない主体）と生身の人間である経営者（行為能力のある主体）の関係を信任関係と解釈することで、斬新な会社論を展開していく。岩井の信任論は、カントーロヴィチの『王の二つの身体』を彷彿させるところがある。カントーロヴィチは、中世ヨーロッパにおいて、生身の司教が法人の教会の婿として嫁資を委ねられたとなぞらえ、教会財産が司教の自由にならないという神学論を紹介している。この議論は国庫の由来にも援用され、生身の国王が法人の国家の婿として嫁資を委ねられたと見立て、国庫が国王の自由にならないという政治論が展開された。

　実は、ローマ法の木庭や中世政治神学のカントーロヴィチを新たに読もうとしたのも、信任論の岩井を読み返そうと思ったのも、グレーバーの『負債論』の魅力の大きさなのだと思う。

渡辺　政隆（サイエンスライター）

1　リチャード・パワーズ『オーバーストーリー』木原善彦訳、新潮社、二〇一九年
2　リチャード・パワーズ『黄金虫変奏曲』森慎一郎・若島正訳、みすず書房、二〇二二年
3　デヴィッド・グレーバー、デヴィッド・ウェングロウ『万物の黎明——人類史を根本からくつがえす』酒井隆史訳、光文社、二〇二三年

　1と2で遅まきながらパワーズの力量にハマった。最新作の『惑う星』は、前作『オーバーストーリー』を書き上げ虚脱状態になった著者のリハビリ的作品だが、虚無感がいっそう増したことが心配。今後の再生に期待したい。

　3は素朴で幸せだった狩猟採集時代、それに終止符を打った農業革命、その後は一直線の社会進化という図式をひっくり返した力技。漸進的な社会進化というストーリーに洗脳されていた自分に気づかされた。

永田　洋（地学）

1　エルメス財団編『Savoir & Faire 土』岩波書店、二〇二三年
2　佐藤幹夫『津久井やまゆり園「優生テロ」事件、その深層とその後——戦争と福祉と優生思想』現代書館、二〇二二年
3　宮坂道夫『弱さの倫理学——不完全な存在である私たちについて』医学書院、二〇二三年
4　多和田葉子『パウル・ツェランと中国の天使』関口裕昭訳、文藝春秋、二〇二三年
5　小津夜景『いつかたこぶねになる日』新潮文庫、二〇二三年

　1はエルメス財団スキル・アカデミーによる「土」を主題とした一連のプログラムの一つで、百科事典的な性格を持つ

書物として刊行されたもの。土壌、農業、建築、セラミック、アート、陶磁など多様な「土」が紹介される。「土」の豊穣なるがゆえに複雑・多様な世界がこのように紹介されたことを喜びたい。序文の一節を引く。「土というものは、生まれてはじめて経験する実験の場にして、自身をとりまく世界についての五感を駆使したイメージ形成が開始される場である」。

2は六年にわたる取材、執筆、考察の総括。「私たちはどう生きるか」を問い続ける書である。結論があるわけではない。私たちが問わなければならないのは植松聖の論理ではなく倫理であるように思う。

3は私たちの弱さと、それに対抗する医療技術やテクノロジーの倫理（医療倫理、技術倫理、環境倫理）を考える書。「倫理学」を弱さを基点に組み立てることができるのではないかと言う。弱さを救う倫理学でなく、弱さに立つ倫理学ということだろう。

4は多和田のドイツ語で書かれた小説をパウル・ツェランの研究者である関口が訳し、膨大な注を付したもの。さらに関口によるエピローグを付すという珍しい試み。テキストと注を往還しながら読んでいく楽しさを存分に味わった。散歩の楽しさのようだ。多和田葉子『百年の散歩』（新潮文庫、二〇一九年）の楽しさを思い出しながら読んだ。

5はタイトルからは想像できないが、中国・日本の漢詩ののびやかな翻訳に文章を添えた文集。帯にはエッセイ集とあるが、一篇一篇エッセイというよりは散文詩の趣である。くり返し読み、詩心の交響を楽しませていただいた。

（登山家・作家）

服部 文祥

1 アランナ・コリン『あなたの体は9割が細菌——微生物の生態系が崩れはじめた』矢野真千子訳、河出文庫、二〇二〇年

肥満、アレルギー、ニキビ、アトピー、糖尿病、精神疾患などの現代病は抗生物質の登場とともに文明社会にゆっくりと広がったとされる。抗生物質により腸内細菌叢のバランスが乱れるためらしい。私の腸活とアンチエイジングの思想部分を強化してくれたエビデンス書。

2 奥山淳志『動物たちの家』みすず書房、二〇二一年

人間が別種の動物と魂で触れあったときに、何を感じ考えるのか。それを文字列によってなんとか表そうとし、成功した唯一無二の動物記。姉妹書の『庭とエスキース』（みすず書房、二〇一九年）の主人公弁造さんの確固とした独自の世界観にも魅せられた。

3 セバスチャン・バリー『終わりのない日々』木原善彦訳、

白水社、二〇二三年
アメリカの西部開拓から南北戦争という激動の時代をサバイブしたトランスジェンダーの昔語り小説。リアルな混沌てんこ盛りで展開する詩的でシンプルな語りに没我した。
4 ジュリアン・サンクトン『人類初の南極越冬船——ベルジカ号の記録』越智正子訳、パンローリング、二〇二二年
野望を持った若きアムンセンが乗り、のちに北極点に到達したと嘘の報告をしたF・クックに極地探検のノウハウを学ぶ。氷海からの脱出劇は手に汗握るスペクタクル。ベルジカ号は四大英雄すべての探検と密接に絡み合った、極地探検史のマスターピースのひとつだった。
5 森博嗣『君が見たのは誰の夢？』講談社タイガ、二〇二三年
二〇〇年ほど未来の世界を描いた森博嗣のWWシリーズの最終巻。Wシリーズと合わせると全一七巻。生命、意識、存在などに関して思考を促される快楽を伴った読書になるので、発刊を楽しみにしていたが終わってしまった。

加藤 尚武

（哲学・倫理学）


野本和幸『数論・論理・意味論 その原型と展開——知の巨人たちの軌跡をたどる』（東京大学出版会、二〇一九年）は、日本人の書いた最高の哲学書である。この著作を日本の哲学の十字路として今後の方向付けを考える以外にない。フレーゲの論理主義の内訳を探り続けてきた野本が、最後にヒルベルト研究を書き足すという形で、峠の頂点に立ってみせた。

フレーゲはアリストテレスの論理学から論理性以外の物を切り捨てるようにして論理的なもの、公理系の概念の純粋化によって、論理による数の包摂を目指して、一本の道をまっすぐに進んだ。ヒルベルトは、初めから数論の世界にいて、非ユークリッド幾何学の普遍的な物理学の方法としての完成という形で、フレーゲを迎えうった。その二人が、ゲーデルという深淵に呑み込まれて、論理主義が挫折したとされる。

中心となる論点については、岡本賢吾・金子洋之編『フレーゲ哲学の最新像——ダメット、パーソンズ、ブーロス、ライト、ルフィーノ、ヘイル、アクゼル、スントホルム』（勁草書房、二〇〇七年）が、新しい論文を綿密な配慮で集めている。

ヒルベルトはゲーデルを出し抜く通路となるトンネルを思い描いていたのではないか。ヒルベルトから、J・v・ノイマン『量子力学の数学的基礎』（井上健・広重徹・恒藤敏彦訳、みすず書房、一九五七年）へ、そこから加藤敏夫（黒田成俊編注）『量子力学の数学理論——摂動論と原子等のハミ

ルトニアン』（近代科学社、二〇一七年）へとたどったなら、そのトンネルが見えてくるかもしれない。米谷民明『究極理論への道――力・時空・物質の起源を求めて』（岩波書店、二〇二一年）は、ありがたいことに数式を使わないで、数学・物理学の全体的な視野の中に「非摂動論的弦理論」の可能性の追求が、どうなっているかの光景を見せてくれる。

　経験論、合理論、批判哲学、現象学を含めて認識論の時代は終わった。「言語論的転回」は袋小路から出られない。物理数学そのものから哲学を立ち上げなくてはならない。

小澤　実

（西洋中世史）

1　Klaus Düwel und Robert Nedoma, *Runenkunde*, 5. Auflage, Springer, 2023

　世界最高のルーン文字入門書の第五版。一九六八年の初版以来第四版までは著者デューウェル自身が修正していたが、二〇二〇年に死去したため、高弟のネドマが補訂。初版で一〇〇ページ強だった内容は半世紀で三倍に増補された。世界のルーン研究の動向を網羅しようとするネドマは、谷口幸男（小澤実編）『ルーン文字研究序説』（八坂書房、二〇二一年）の情報も記載している。

2　高橋美野梨編『グリーンランド――人文社会科学から照らす極北の島』藤原書店、二〇二三年

　グリーンランドという日本のアカデミアでは未知といって良い北極圏の島嶼を対象とした初めての論集。編者のグリーンランドとその研究に対する愛情を隠さない序文で統括された本書は、通時的かつ多層的にこの島嶼研究の面白さと可能性を読者と共有する。極北から見ることで世界がどのように捉えられるのか、自分自身の偏見と視点を相対化する解毒作用もある。

3　『ユリイカ２０２３年11月臨時増刊号　総特集＝Ｊ・Ｒ・Ｒ・トールキン　没後50年――異世界ファンタジーの帰還』青土社、二〇二三年

　『ユリイカ』では三度目のトールキン特集。最初の特集ではテクストとファンタジーそれ自体、次の特集では公開された映画による表現に力を注いでいたのに対し、今回は、メディアの多様化に対応するように受容に重心を置く。かつてはサブカルチャー扱いされアカデミアでは論評や分析の対象とはなりにくかったファンタジーもすでに一つの研究ジャンルであり、なろう系ライトノベル、擬似中世世界を背景としたＲＰＧ、『葬送のフリーレン』などの人気を考えれば、本邦でももっと考察がなされて然るべきであろう。その意味で今回の特集はトールキン研究の一つの里程標たりうる。

4　小澤実・佐藤雄基編『史学科の比較史――歴史学の制度

化と近代日本』勉誠社、二〇二二年

戦前日本の各大学における史学科の展開を比較した論集。日本の史学史研究は時代思潮と個人の歴史意識との関係を探ったものが多い印象を受けるが、本書は大学制度の展開の中に歴史学の歩みを位置付ける。このところ歴史学の歩みを振り返る史学史や高等教育機関の道筋を跡付ける教育制度史が盛んになっているが、本書もそうした試みの基礎データとして参照してほしい。

5 黒川文雄『ビデオゲームの語り部たち――日本のゲーム産業を支えたクリエイターの創造と挑戦』DU BOOKS、二〇二三年

近年ゲーム研究の土台が築かれつつある。吉田寛『デジタルゲーム研究』（東京大学出版会、二〇二三年）や小山友介『日本デジタルゲーム産業史 増補改訂版――ファミコン以前からスマホゲームまで』（人文書院、二〇二〇年）など専門家による基本書が刊行される一方で、ゲーム開発やゲーム産業の現場を報告する書籍も次々に書棚を飾っている。黒田さんの本書もその一つ。もともとウェブで連載されていた記事をセレクトしたものだが、関係者へのインタビューと時代や地域の記録を合わせた文章は、誰かが書き留めなければ失われる戦後のある風景を固着させる貴重な証言となっている。懐かしく、時として悲しく、そしてゲームの可能性を感じさせる良書。

藤井 省三

（現代中国文学）

1 山口守『中国の民衆と生きたアメリカ人――アイダ・プルーイットの生涯』岩波書店、二〇二三年

2 河本美紀『張愛玲の映画史――上海・香港から米国・台湾・シンガポール・日本まで』関西学院大学出版会、二〇二三年

3 閻連科『四書』桑島道夫訳、岩波書店、二〇二三年

4 劉震雲『一日三秋』水野衛子訳、早川書房、二〇二二年

5 陳春成『夜の潜水艦』大久保洋子訳、アストラハウス、二〇二三年

1 『中国の民衆と生きたアメリカ人』は中華民国期の宣教師の娘として中国農村で育ち、北京協和病院でソーシャルワーカーとして勤務したプルーイットの生涯を描いた評伝書である。「王朝変遷を経て数千年続いた伝統文化ではなく、可変的な民衆の生活文化がその中心にあり、その民衆が革命を望むのであれば、伝統を変革する近代化を受け入れる」という彼女の中国文化観は尊い。

2 張愛玲（チャン・アイリン、ちょうあいれい、一九二〇―九五年）は近代中国文学において魯迅と双璧を成す作家

であり、魯迅と同様、大の映画ファンであったが、映画脚本家としても活躍した点は魯迅と異なる。『張愛玲の映画史』は香港、台湾そして彼女のアメリカ亡命後の新資料までを駆使して彼女と映画との深くて広い因縁を描き出している。画期的な張愛玲論である。

3　一九五八年、毛沢東指導下の共産党は大躍進政策を提唱、一九五九―六一年の大躍進時期には、全国に二万四〇〇〇の人民公社（平均五〇〇〇戸）が組織され農業集団化が完成されるいっぽうで、一五〇〇万―四〇〇〇万の餓死者が出たと推計されている。この飢餓地獄を知識人の〝思想改造〟収容所を舞台として寓話風に描いたのが『四書』である。原書刊行は二〇一一年であり、作者はこの数年新作を発表できない状況が続いている。

4　劉震雲は上質なユーモアで中国庶民の暮らしを描くことで定評がある。新作『一日三秋』も然り、コロナ禍で世界最初に〝封城《ロックダウン》〟された武漢を舞台のひとつとするのは、作者なりの声援なのであろう。

以上で紙幅が尽きたが、やはり5のSF短編集の不思議な味わいにはひと言触れておきたい。たとえば収録の一作「尺波」は魯迅の短編小説「鋳剣」を連想させ、「音楽家」はサクソフォーンがその頽廃的音色により禁じられた一九五七年レニングラードを舞台とする。

堀川　惠子

（ノンフィクション作家）

戦争の時代に突入し、七九年前の原爆投下への関心が高まる。伊藤憲二『励起――仁科芳雄と日本の現代物理学』（みすず書房、二〇二三年）は上下巻二段組み一二六〇頁の大作。日本の原爆開発にも関わった物理学者仁科芳雄の評伝だ。仁科の新資料が大量に見つかったとの報に接した二〇一八年以来、本書の出版を心待ちにしてきたが、物理学や科学と経済の視点からも期待を裏切らぬ重厚な研究。原爆開発については陸海軍とのやりとりを詳細に分析、定説に修正を促す。読売新聞では八月六日、評者含め三人がかりの体制で書評を実現した。この企画を支え続けた出版社にもアッパレ。

四國光『反戦平和の詩画人 四國五郎』（藤原書店、二〇二三年）。原爆を描き続けた詩画人四國の再評価が国内外で進む。本書は息子による決定版の評伝だ。被爆していないことを批判されながらも地に足をつけてヒロシマの記憶に向き合い、「市民が描く原爆の絵」の活動を支え、生涯一枚の絵も売らずに生きた画家の歩みに、「伝える」という営みの尊さを知る。来年は生誕百年、さまざまな企画展が開催されるだろう。

村田喜代子『新古事記』（講談社、二〇二三年）。題名からは想像もつかないが、舞台は「月面世界よりはまし」なロスアラモスの荒野。主人公は極秘のマンハッタン計画に参加した科学者の妻だ。実在する手記に着想を得た小説である。日常と非日常、生と死が隣り合わせの戦争に意外な角度から切り込んだ意欲作で、題名の謎が終盤ににじむように浮かび上がる。アメリカ映画『オッペンハイマー』の日本公開も間近のようで、封切の前にぜひ読んでおきたい。原爆はまだまだ書き尽くされてはいない。大ベテランの挑戦に、若い作家たちにも奮起してほしい。

最後は現在進行形の戦争に繫がるナターシャ・ヴォーディン『彼女はマリウポリからやってきた』（川東雅樹訳、白水社、二〇二二年）。「戦争と内乱、貧困と飢餓、強権と差別、そして狂気、暴力、破壊、死と、古来より人間を苦しめてきた不幸と悲惨の一切合切が勢ぞろいしたような話」という訳者あとがきに尽きる。明確にジャンルが定まらぬ作品だが、ノンフィクションの書き手を唸らせるような一冊。絶望の闇の中にこそ人間存在への問いがある。どんな冷酷な運命に魂まで切り刻まれようとも、ただ生きる――。その無価値の価値を信じたい。

川那部　浩哉

（生態学）

久しぶりで、クロード・ベルナールさんの『実験医学序説』（三浦岱栄訳、岩波文庫、一九三八年）を読み直した。周知の通り一八六五年の作で、生理学における実験の重要性を説いた書として著名である。ところで、「ある条件下で当該現象が起こることを実験によって確かめた場合、逆に、この条件を除去すれ現象は起こらぬこと」、すなわち反対証明が絶対に必要であると強調していることに、今回改めて感銘を受けた。対偶は必ず成立するが、逆や裏は必ずしも成立しないとは、論理学の初歩の初歩だが、それをあたかも無視したような論文が、近年著しく増加しているように、思い続けているからである。

『上田秋成全集』（中央公論社、一九九〇―九五年。全一四巻のはずながら、いまだに第一三巻と別巻は刊行されず）を、またまた繙いている。「雨月物語」「春雨物語」「胆大小心録」などの小説・随筆はもちろんながら、国学や古典研究はもちろん、さまざまな歌文に至るまで、複数のことをつねに考えている秋成さんの自由自在な心が、何度読んでも胸を打つ。世界中のどこでも、いや特にいわゆる先進国では近年、思い込んだ一つのことに固執して、いや、他人にも押し付けようとする傾向が蔓延しているように思える今日、この人のような心を、少なくとも私は持ち続けたいと、思うことしきりだ。ここでやはり、中央公論新社に改めてお願いしたい。一九九五年の第一二回配本以来、まだ出ていない二巻を、早急に何とかして出版して欲しいものだ、と。

萱野茂さんの書かれた本を、久しぶりに続けて読んだ。この北方先住民族に対する無視と差別が、江戸末期以来ずっと続いていることは、どの一冊、例えば『アイヌの里 二風谷に生きて』（北海道新聞社、一九八七年）を見るだけでも明らかだ。沖縄の人々に対して、あるいは、朝鮮半島から日本列島へ〈連行〉した人々にまで、このような無視と差別は今も続き、いやむしろ拡まっているようにさえ思える。

中村真一郎さんの『雲のゆき来』（筑摩書房、一九六六年／講談社文芸文庫、二〇〇五年）も、これまた久しぶりに読んだ。周知のとおり、江戸初期の漢詩人の元政上人と〈私〉との関係を軸に、その遺跡を京都深草に女優と訪ねるという筋ながら、その醸し出す雰囲気も含めて、まことに見事と感銘を受けた。この人の初期の定型押韻詩については、ずっと以前に批判したこともあったが、この書に出会って以来、中村さんの作品にはずっと注目し続けることになった。とくに、最後の作品の一つである『木村蒹葭堂のサロン』（新潮社、二〇〇〇年）などは、ゆっくりと何度も読み直すのに最適である。

全集や叢書の月報には、面白いものが多い。例として『大田南畝全集』（全二二巻、岩波書店、一九八五―二〇〇〇年）を挙げてみよう。例えば、大岡信さんは、二人の狂歌師の不和を仲裁した事実を例に、蜀山人さんの綜合力をあなぐり、丸谷才一さんは、編集した狂歌集の題名を、八代集のうちで『千載和歌集』に選んだ理由を考察する。また肥田晧三さんは、「蜀山人伝説を追う」を一八回連載し、奇行・逸話などについての出版物や、講談・落語まで、在世中から昭和初期に至る一五〇年ばかりのものを、さまざまに比較している。「鼠どのてんじょう（天井・殿上）人の真似をして烏帽子直垂しゐ（尿・四位）のせうせう（少々・少将）」や、「詩は詩仏書は米庵に狂歌おれ芸者小万に料理八百善」などの有名な伝承狂歌を含めて、いろいろな逸話に関する作品が、さまざまに比べられ、検討されている。もっとも人口に膾炙しているのは、十返舎一九さんが最初に尋ねて来たときに、庭にある桐の木を切り倒して売り、それで酒を呑もうとしたという、おそらく嘘の逸話だそうだが、私はこの月報を読むまで、これを知らなかった。そもそも、蜀山人さんの名をいつごろ知り始めたのか、はっきりとは覚えていない。おそらく小学生の頃で、家にあった『有朋堂文庫』などではなく、このような少年講談ものを、どこかから借りて来たものからかも知れない。

鎌田 浩毅（地球科学）

二〇二三年最大の収穫は、私が長年ロールモデルと仰ぐウィンストン・チャーチルの『完訳版 第二次世界大戦1――湧き起こる戦雲』（伏見威蕃訳、みすず書房）である。連合国に劇的な勝利をもたらした英国首相の回顧録だが、一九四八年から五四年にかけて刊行された総計五〇〇〇ページを超える全六巻の浩瀚な著作が毎年一巻ずつ出るという。夏休みの楽しみがまたひとつ増えた。

次は私が専門とする地球科学に関する話題作、小沢慧一『南海トラフ地震の真実』（東京新聞）だ。南海トラフ巨大地震は総人口の約半数にあたる六八〇〇万人が被災すると予測され、首都直下地震と富士山噴火とともに近未来の日本を壊滅状態に陥れる最大の脅威である。私もこの激甚災害を防ぐため「科学の伝道師」として全力を挙げてきたが、ジャーナリストの著者は誠実さと粘り強さを武器に多くの専門家と関係者にインタビューを繰り返し、知られざる事実を次々と発掘した。これらが評価され第七一回菊池寛賞を受賞したことも心から祝したい。

Tsunami は英語の辞書にも載る数少ない日本語起源の国際語である。ジェイムズ・ゴフ、ウォルター・ダッドリー『津波――暴威の歴史と防災の科学』（千葉敏生訳、みすず書房）は歴史的な逸話を最先端の研究成果をもとに紹介した優れた啓発書だ。本書に活写された古今東西の事例から、海洋国日本で避けて通れない巨大津波から生き延びる条件について学んでほしい。

脳は体内で休みなく働く臓器の司令塔という重要な役割を担う。大隅典子『小説みたいに楽しく読める脳科学講義』（羊土社）は、最先端の研究に基づいて脳の構造や機能を遺伝子と細胞レベルで分かりやすく解説する。知的好奇心を刺激しつつ小説のように面白く読める文章力に私は脱帽した。

最後は科学の古典、トマス・S・クーン『科学革命の構造 新版』（青木薫訳、みすず書房）である。科学の歴史を見ると天動説から地動説へ見方が革命的に変わるイベントが何回かある。本書はその構造を「パラダイム転換」という言葉で鮮やかに分析した名著である。不透明で「想定外」に満ちた世界を生き抜くため、優れた古典的著作にもぜひ挑戦してほしい。

榎本 空（人類学）

1 Christina Sharpe, *Ordinary Notes*, Farrar, Straus and Giroux, 2023

2 エメ・セゼール『帰郷ノート／植民地主義論』砂野幸稔

訳、平凡社ライブラリー、二〇〇四年
3　大江健三郎『沖縄ノート』岩波新書、一九七〇年
4　ウェンディ・マツムラ『生きた労働への闘い――沖縄共同体の限界を問う』増渕あさ子・古波藏契・森亜紀子訳、法政大学出版局、二〇二三年

　二〇二三年は「ノート」本に励まされることが多かった。言葉が追いつかないような出来事が続く中、ノートに書きつけられた言葉の断片を拾い読みしては、言葉がまとまらずとも、それでも書くことを手放さない執念のようなものに背中を押されたのかもしれない。クリスティーナ・シャープの *Ordinary Notes* は、写真、ミュージアム、記憶、文学、歴史などのテーマが縦横に、手紙のような短い文章で綴られる二四六のノートからなっている。ブラックの状況を中心に据えた批評眼は確かで、醜さの中にうつくしさを、閉域にあって突破口を見出そうという手つきに圧倒された。セゼールの『帰郷ノート』は、今年（二〇二三年）翻訳していた本の関係もあり、よくめくった。書かざるを得ない言葉を書いたような言葉が好きだ。わたしも沖縄の伊江島に「帰郷」してきたわけだが、植民地主義にいまだ絡まれたこの島を前に、「私はこの町を、美しい、と予言」できるのかどうか、自問している。伊江島を起点として書かれたノートといえばすぐに『沖縄ノート』を思い起こす。わたしは大江健三郎の小説のよい読者ではないが、彼の死に際して駆られるように『沖縄ノート』を読み返すほどには喪失を感じた。「死者よ、怒りをこめてわれわれのうちに生きつづけてください」、そんな『沖縄ノート』の一節を彼のあとのわたしなりの微弱な起点としたい。最後に、ノートではないが、ウェンディ・マツムラの『生きた労働への闘い』。沖縄の近代史における革命の失敗を問い直した労作であり、歴史から可能性を手繰り寄せようとする姿勢に貫かれた快作である。何よりコレクティブな翻訳の試みそのものが、本書の描く可能性を具体的なものとして提示しているように思う。

栩木 伸明　（アイルランド文学）

1　ホンダ・アキノ『二人の美術記者――井上靖と司馬遼太郎』平凡社

　二人の小説家は若い頃、新聞社の美術記者だった。井上はゴヤの集団肖像画《カルロス四世の家族》に惚れ込むあまり、そこに描かれた人々の関係や運命へ踏み込んだ創作的随想を書いたことがある。子どもの頃絵描きになりたかった司馬は『街道をゆく』の取材でオランダを訪ねたとき、ゴッホの足跡を一途にたどった。二人の原点にあった美術と宗教への関心をていねいに掘り起こしてゆく著者の文章は手堅く、あた

たかい。井上が『星と祭』という、琵琶湖畔に点在する十一面観音を巡る長編小説を書いていたのを本書に教えられて、取り寄せた。届いたのは長浜市の人々が復刊した美しい大冊（能美舎、二〇一九年）だった。同じ版元から出た観音巡礼のガイドブックとともに読了、ずいぶん前に訪ねたきりの湖北地方を再訪したくなった。

2　澤田直『フェルナンド・ペソア伝――異名者たちの迷路』集英社

　ペソアは人生を終えた後に再発見されて心酔者が増えた詩人である。六歳のとき以降、脳裡に次々に現れた「異名者」たちの名前でさまざまな作風と内容を持つ詩を書き続けた。ポルトガルのリスボンに生まれ、南アフリカで英国式の植民地教育を受け、英文学を愛読する青年に生長し、リスボンへ戻り、神秘主義に傾倒していく。商業翻訳で生計を立て、不安定な精神状態を抱えながら書き続けた草稿は二万七五〇〇点に及ぶという。その多くはまだ刊行されていない。狂気を怖れる自らの内面で、多言語と多人格が生起する詩人が自称したニックネームは、古代エジプト神話の叡智を司る神の化身「イビス」だった。一九世紀末から二〇世紀前半のポルトガル史とともに、表向きは静穏な異能の人の生涯が生きなおされる。

3　川本直・樫原辰郎・武田将明編『吉田健一に就て』国書刊行会

　没後に読み直され、評価が変化してゆく書き手は幸せである。本書は、吉田を聖人君子に祭り上げることへの違和感を起点にした論集。吉田という人はその存在自体が独自なひとつのジャンルなのだろう、となんとなく思ってはいたのだけれど、まばゆいほどのくせ者ぶりが次々に解説されるのを読んで脱帽した。英文学者、小説家、随筆家、翻訳家という肩書きがシームレスにつながった稀有な人物とその作品を多彩きわまる執筆者たちが捉え直している――「ひとことで言うと、『英国の近代文学』において、吉田健一は近代を歴史から解放したのである」（武田将明）、「漱石と荷風への批判は二人に自らを重ね合わせた自己批判でしかない」（川本直）、「あえて形容せよというならば、吉田はqueerly native――すなわち奇妙にぺらぺらなひとであった」（大野露井）、「鰻屋に行って敢えて鰻を食べない人も珍しいと思う。珍しいどころではない。「食べた覚えがない」とまで断言しているのである」（山﨑修平）。

（国際政治論）

豊下　楢彦

1　ピーター・ブライアント『破滅への二時間』志摩隆訳、早川書房、一九六四年（Peter Bryant, *Two Hours to Doom*, T.V.

Boardman, 1958)

映画史に残る傑作として名高いスタンリー・キューブリック監督作品『博士の異常な愛情　または私は如何にして心配するのを止めて水爆を愛するようになったか』（一九六四年）の原作。元英空軍中尉であった作者は軍の指揮命令系統に精通していたばかりではなく当時の核抑止をめぐる論争のありかも明確に把握しており、従って小説ではあるがそのリアルさは際立つ。ソ連共産主義の世界支配を防ぎ米国と自由世界を守るためには先制核攻撃をかける以外にないとの信念にかられた米テキサス州の空軍基地司令官が訓練中の戦略爆撃機にソ連領内に水爆を投下せよとの命令を独断で発し、そのまま基地内に閉じこもり外界との連絡を一切遮断、爆撃機の引き戻しを不可能とする挙に出た。水爆投下までの残された時間は二時間、全面核戦争と人類の破滅までタイムリミットが刻々と迫るなかで、大統領、軍上層部、ソ連指導部などの極限の対応ぶりが迫真の筆致で描き出される。六〇年以上も前の作品でありながら今日の危機を見事に照射しているかの如くである。ちなみに著者は、核戦争への恐怖にとりつかれ一九六六年に自ら命を絶った。

2　Daniel Ellsberg, *The Doomsday Machine: Confessions of a Nuclear War Planner*, Bloomsbury Publishing, 2017

エルズバーグはベトナム戦争の虚構を暴いたペンタゴン・ペーパーズで著名であるが同時に、ランド研究所に長年勤めた核問題の専門家でもあった。彼は投獄覚悟で核関連の極秘文書も大量にコピーをして兄に託したが保管場所が台風で流され行方不明となった。しかし、手元に残された文書やメモに基づいて書き上げたのが本書である。米国は公的には「敵」から核攻撃を受けた場合に核による報復攻撃を行うという、いわゆる第二撃論を標榜してきたが、エルズバーグはそれを「意図的な偽り」と断じ、実は米国が先制核攻撃を行いソ連が報復攻撃に出てくる際に最大限被害を限定することが軍部の真の狙いであったことを豊富な資料をもって暴露した。彼が本書において問いかけた核心の問題は、空からの核攻撃によって都市の住民を虐殺するという戦争犯罪がなぜ民主主義国家の公的な政策となったのか、まさにこの問題であった。

小沢　節子

（日本近現代史）

1　レベッカ・ソルニット『オーウェルの薔薇』川端康雄・ハーン小路恭子訳、岩波書店、二〇二二年

次々とあらぬ方向に枝を伸ばしていく蔓薔薇のような構成は、決して読みやすいとはいえない。だが、そこから浮かび上がってくるのは、「政治の美学化」の時代に人びとの共生

のための「美」を求めたオーウェルの姿であり、それを二一世紀の現実のなかでとらえかえそうとする著者の思索だった。薔薇の花びらが一片ずつ開いていく時間をともにするように、その思索の道筋をたどった。

2　四國光『反戦平和の詩画人 四國五郎』藤原書店、二〇二三年

近年、シベリア抑留、サークル文化運動、原爆体験の表現、広島の平和運動といった研究のなかで、四國五郎は多々言及されるようになった。長男である著者は、各領域に分断されたアカデミックな研究に対する共感と批判を抱えながら、父親の全体像を今に伝えようとする。個人的には、四國の生涯を貫くコミュニズムと、その変容について改めて考えさせられた。

3　乾淑子『着物になった〈戦争〉——時代が求めた戦争柄』吉川弘文館、二〇二三年

七〇〇点に及ぶ著者の戦争柄着物のコレクションの一部に、展覧会や図録等を通して触れたことのある人もいるだろう。私もかつて目を瞠った一人だが、本書の刊行によって、長年にわたる研究が近代日本の服飾史、ジェンダー史、そして戦争の表象の歴史のなかに位置づけられることを喜ばしく思う。

4　タン・トゥアンエン『夕霧花園』宮崎一郎訳、彩流社、二〇二三年

二〇世紀のマレー半島を舞台に、戦争と暴力の歴史が主人公の肉体的な痛苦の経験に重ねられる。日本人や日本文化の描写に違和感をおぼえる向きもあるかもしれないが、決して癒されることのない傷を抱えて生涯を全うしようとする主人公の強靭な意志と、瑞々しい緑のなかで多様な民族・文化の担い手たちが混ざり合う光と影の物語に魅せられた。

5　朝井まかて『類』集英社、二〇二〇年（文庫版二〇二三年）

若い頃は、誰もが「何者かになる」ために生きているのだと思っていた。年を重ねるにつれ、多くの人は何者にもなれずに、しかし、かけがえのない人生を生きるのだと知るようになった。鷗外の末子の人生に注がれるフェアであたたかな作者の眼差しが、優しい読後感を残す。二〇二三年に一番、身近な人たちに薦めた本。

（美術批評）

酒井 忠康

1　野見山暁治『最期のアトリエ日記』生活の友社

この日記のおもしろさは独特で、飄々と惚けた調子で書いているように見えるけれども、じつはけっこう深遠な意味を孕んでいる。その日その日の出来事や人事を、わずか数行にまとめたものである。

野見山さんの「日記」は、当人が八〇歳を過ぎて『美術の

窓』誌上で連載をはじめ、二〇二三年六月、一〇二歳で亡くなる直前まで書きつづけられた。これまでにつごう六冊の単行本として刊行されたが、文字通りこんどの本でお終いとなった。

ふつうの人より遅れてやってきた老来を、自然に受け入れない困った老人だが、そこがまた、何ともおもしろいのである。

2 横尾忠則『時々、死んだふり』ポプラ新書／『死後を生きる生き方』集英社新書／『老いと創造――朦朧人生相談』講談社現代新書

いずれも二〇二三年九、十、一一月にかけて矢継ぎ早に刊行された本である。折から「寒山拾得」をテーマに一〇二点を描いて「寒山百得」と銘を打った個展を東京国立博物館で開催中であり、まさに怱忙をきわめる日々のなかで刊行された三冊なのだといっていい。

どれにも共通している課題は「老い」をどう生きるか――ということ。ご当人のこたえはムキにならないで「自然に」を通すことにしているのだというが、これが存外むずかしい。寒山拾得は「自我」を滅して愚者となったけれども、ある意味で悟った人間でもある。そこのところの謎を自分自身の内なる存在として追求し、この風狂の禅僧を描くことで、その謎に迫ろうとしたのだという。そしてまた横尾さんは「絵を描くことで死のシミュレーションをしている」とも語っている。

何とも厄介な内容である。しかし、こんなふうに考えたり、捉えたりしたことが、これまでにあったであろうか――ということに気づかされる啓発の書ともいえる。私の読後の印象はすこぶる爽やかだった。

3 川村湊・島田龍責任編集『左川ちか――モダニズム詩の明星』河出書房新社

これは「左川ちか　黒衣の明星」展（北海道立文学館、二〇二三年）に併せて刊行されたものである。この詩人が、北海道余市町に生を受けたのは一九一一年、病没したのが三六年であるから若冠二四歳ということになる。ひとにぎりの慧眼の士に、その才能はみとめられたけれども、一般には無名に近い存在であった。いまようやく再評価の機運が高まりつつあるといったところ。

たまたま所用で札幌に行ったので、私は実際の展示を目にする機会にめぐまれた。兄の親友の伊藤整や前衛詩人の北園克衛らと活動をともにした左川ちかの足跡を、詩集、詩稿、書簡などを介して知ることはできたが、私のなかの左川ちかは、まだまだ、これはといった感じで振り向いてはくれない。ある意味で、郷里を同じくした人というのは、思いのほか対象化しにくい存在なのかもしれない。

4　佐藤友哉『北の美術の箱舟』中西出版

この本は、著者が北海道立近代美術館や札幌芸術の森美術館に勤務していた時代に書いた文章を束ねたものである。実際に携わった展覧会の図録のためのテキストをはじめ、北海道内での各種の展覧会や個展などにも求めに応じて書いた文章などさまざまだが、長年月にわたっていて、何と五〇〇ページに近い大冊である。労作と称してもいい。

事実、著者は北海道の美術界を牽引してきた美術館人であり、また才筆をもって知られた批評家でもある。

本書は一章から五章に分けられているが、展覧会を介して世界的な視点でとらえた近代美術を紹介した前半部分と、北海道のもつ独自性の比較・検討を試みた数々の論考を挟んで、著者の現場体験にもとづく北海道の現代美術との出会いを個別的に論じた後半部からなっている。なかでも五章の「北海道の作家たち」は味わい深く読み応えがあった。

5　高見澤たか子（堂本右美編）『ふたりの画家、ひとつの家――毛利眞美の生涯』東京書籍

本書の主人公・毛利眞美（一九二六―二〇二二年）が、敗戦直後の一九五〇年パリに留学してアンドレ・ロートに学び、帰国した翌五三年早々に、資生堂ギャラリーで個展をひらいて好評を博し、翌五四年にもひらいている。その大胆な描法と、ほとばしる圧倒的な才気によって大いに注目され、まさに美術界の寵児となった観があった。

そんななかで堂本尚郎氏と出会い、結婚してパリに住むのだが、眞美さんは「お互いに自由に絵を描くことをめざして、やって来たパリ。アトリエをシーツで仕切って、ただただ描くことに夢中になっていた日々」であったと回想している。

著者は、眞美さんの波瀾に富んだその後の人生を、娘右美さんの提供した資料で補い、的確な時代考証をふまえて書いている。私は晩年の眞美さんしか知らないが、だめなものはだめと明言する、ある種の爽やかさをもった人であった。

山田　稔（文学）

1　荒井とみよ『物ぐさ道草――多田道太郎のこと』編集工房ノア

『しぐさの日本文化』『複製芸術論』などで知られた評論家多田道太郎に公私にわたって接した教え子による初の本格的多田道太郎論。

また、二〇二四年生誕一〇〇年をむかえるのを機に、この特異な人物についての座談会が、黒川創の発案で開かれ（参加者、荒井とみよ・黒川創・藤原辰史・瀧口夕美・山田稔。それとは別個に鶴見太郎）、その記録が一冊にまとめられた。山田稔・黒川創編『多田道太郎――文学と風俗研究のあい

だ』編集グループＳＵＲＥ。

2　富士正晴（荻原魚雷編）『新編 不参加ぐらし』中公文庫

敗戦後日本社会の諸相に愛想をつかした富士正晴は早々と茨木のあばら屋に隠居し、そこから世相と世界の情勢を見つめつづけた。「不参加」とは、あらゆる党派、あらゆる偏見から自由であることだった。彼は「不参加」という形で参加しつづけたのである。

3　上林曉（山本善行編）『命の家——上林曉病妻小説集』中公文庫

上林の病妻小説としては「聖ヨハネ病院にて」が有名だが、それらを一二篇並べたものを読むと、病妻ものといった次元をこえた迫力、まさに命に触れたような感動がある。当時のことばで「精神分裂症」のため八年間入院。最後は面会できぬまま妻は死ぬ。三人の子を残して。末の女の子は「おかあちゃん」という言葉は知っているが、そのひとの記憶はない。その子供たちにむかって「おかあちゃん」の姿を、その病いと死を語って聞かせる「庭訓」に感動した。

4　石垣りん『朝のあかり——石垣りんエッセイ集』中公文庫

小学校を出て銀行に勤め、下っ端のまま定年を迎えた詩人の生活記録的エッセイ集。なかの一篇、銭湯で、明日嫁に行くという見知らぬ娘から衿を剃ってくれと頼まれる話（「花嫁」）がすばらしい。

佐藤 文隆

（理論物理学）

1　末木文美士『日本思想史』岩波新書、二〇二〇年

2　二松啓紀『カラー版 絵はがきの大日本帝国』平凡社新書、二〇一八年

3　安倍能成『岩波茂雄伝』岩波文庫、二〇二三年

4　伊藤憲二『励起——仁科芳雄と日本の現代物理学』みすず書房、二〇二三年

5　京都大学大学院理学研究科編『京大理学部 知の真髄——玉城嘉十郎の２つの遺産』京都大学学術出版会、二〇二二年

近年、この歳になって妙な話だが、日本の歴史についての興味が続いている。一九六〇年に大学を卒業し、二〇世紀末に定年になったわれわれの世代にとって、第二次大戦前の日本の歴史など、何の価値もなく唾棄すべきものであった。そんな歴史よりは、西洋起源の紙に書いた普遍原理の方が輝いて見えたということだろう。ジャパン・アズ・ナンバーワンともてはやされた頃から日本とは何かに興味を持ったが、現役の終盤戦は結構忙しく、新世紀に入った頃から読み出したが、そのリアル感に魅了されている。

末木本はこの流れと違うが、こういう歴史的な概論がわれわれの世代にはありがたい。次の三冊は大正・昭和の歴史本である。二松本は日本も、一時、単民族の国民国家でなく多民族の帝国になった気分の時期もあったことに驚く。安倍本は分厚い文庫本だが読みやすい。伊藤本は上下二巻の大部なもので、仁科を語る上での定番になるだろう。最後の京大理学研究科編の本には「玉城嘉十郎の2つの遺産」というサブタイトルがついているが、理学部で五〇年続いた玉城講演会を記念した企画である。また「2つの」とは「記念講演会」ともう一つ湯川、朝永などの日本の理論物理の発祥の研究室という意味である。

宮下　志朗

（フランス文学）

1　ナタリー・Z・デーヴィス『帰ってきたマルタン・ゲール――16世紀フランスのにせ亭主騒動』成瀬駒男訳、平凡社ライブラリー、一九九三年（初版一九八五年）

旧師や友人など、訃報に接することがふえたが、この女性歴史家もその一人。カルチャー・センターで月一回、『エセー』第三巻の話をしていて、年明けに「マルタン・ゲール事件」が出てくる第一一章「足の悪い人について」を扱うからと、読み始めた矢先の訃音。最終章でのモンテーニュとからめた解読など、何度読んでも新鮮な驚きの感じられる「ミクロストーリア」の傑作で、再刊が望まれる（解説「証拠と可能性」はカルロ・ギンズブルグ）。本書で活用された実録物『にせ亭主の驚くべき物語』は、その後翻訳紹介できた（『フランス・ルネサンス文学集3』白水社、二〇一七年）し、デーヴィスの著作は、共訳も含めて、『愚者の王国　異端の都市――近代初期フランスの民衆文化』（平凡社、一九八七年）、『古文書の中のフィクション――16世紀フランスの恩赦嘆願の物語』（同、一九九〇年）、『贈与の文化史――16世紀フランスにおける』（みすず書房、二〇〇七年）と三点邦訳を出したし、来日時のことなど思い起こすことも多い。合掌。

2　Montaigne, *Journal de voyage en Italie par la Suisse et l'Allemagne*, Bouquin/Mollat, 2023

そのモンテーニュでは『旅日記』の魅力的な新版が出た。彼が訪れた土地に関連する図版満載の版だから、読者もふえそうだ。アカデミー・フランセーズ会員となったアントワーヌ・コンパニョンの「序文」も見事である。

3　ロバート・ダーントン『検閲官のお仕事』上村敏郎・八谷舞・伊豆田俊輔訳、みすず書房、二〇二三年

再刊希望リストといえば、この歴史家の『猫の大虐殺』（海保眞夫・鷲見洋一訳、岩波書店、一九八六年）も当然挙がる。わたしは「猫の大虐殺」騒動を語る資料を翻訳紹介し

たし（ニコラ・コンタ『18世紀印刷職人物語』水声社、二〇一三年の付録に『ムッシュー・ニコラ』から「レチフ、職工長となる」）、来日時のゼミもなつかしい。本書は久しぶりの邦訳で、革命前のフランス、一九世紀後半の英領インド、共産主義の東ドイツと、時代も政治状況も異なる三つの時空間における広義の「検閲」をつぶさに調査していて、大変に興味深い。東ドイツの作家フォルカー・ブラウンの『小説 ヒンツェ・クンツェ』出版をめぐる、著者・編集者から検閲官を経て、最後はホーネッカー（彼が下線を引いた報告書が残る）にまで至る狂騒曲など、著者の面目躍如たるもの。

4　大江健三郎『親密な手紙』岩波新書、二〇二三年

遺著。むしろ無骨な文章が、この文学者の生き方や作品と確実に結びついていて深く心に沁みる。わたし自身は「大江健三郎から渡辺一夫、ラブレーへ――個人的な回想」（雑誌『ふらんす』二〇二三年七月号）という一文を草することができた。

5　ジュール・ヴェルヌ『シャーンドル・マーチャーシュ――地中海の冒険』三枝大修訳、幻戯書房、二〇二三年

『モンテ＝クリスト』が下敷きになった大長編なので、ぐんぐんと読み進めた。エッツェル版の挿絵を全点収録しているのも価値あり。地中海を舞台にした冒険物語で、主人公名が示すように、その根っこには政治的なモチーフが。大長編といえば、オスマン帝国末期のエーゲ海の架空の島が舞台のオルハン・パムク『ペストの夜』（宮下遼訳、早川書房、二〇二二年）、近未来のフランス大統領選を背景にしたミシェル・ウエルベック『滅ぼす』（野崎歓・齋藤可津子・木内尭訳、河出書房新社、二〇二三年）も忘れがたく、「政治的寓話」として括れるかとも思うのだが紙幅が尽きた。

原　武史

（思想史）

1　吉岡桂子『鉄道と愛国――中国・アジア3万キロを列車で旅して考えた』岩波書店

今世紀に入ってからの中国の経済成長はめざましく、GDPは日本を抜いて世界第二位の経済大国となっている。その伸びを視覚的に示すのが、この間に国内各地へと張り巡らされた高速鉄道網だ。本書では自らも「乗り鉄」である吉岡さんが、鉄道を軸にしながら中国と日本のナショナリズムの深層を鋭くえぐり出している。直接触れているわけではないが、JR東海の総帥として長らく君臨した葛西敬之氏がなぜリニアの開業に躍起になったのか、その背景までもが浮かび上がってくるように思われた。

2　櫻田智恵『国王奉迎のタイ現代史――プーミポンの行幸とその映画』ミネルヴァ書房

タイ王制の本丸に迫った一冊。拙著に触れてもらっているように、近現代の天皇制でも天皇や皇太子が頻繁に地方を訪問している。本書はこれまで全容が解明されていなかったプーミポン国王の行幸（地方訪問）を徹底的に分析し、それがいかなる政治的効果をもたらしたかを考察することで、君主制の比較政治学に一大刷新をもたらしている。同様の方法を、例えば金正恩がしばしば地方を訪問している北朝鮮などにも応用すれば、さらに多くの知見を得られるだろう。

3　新井一二三『青椒肉絲の絲、麻婆豆腐の麻――中国語の口福』筑摩書房

新井さんは大学のゼミの同期生で、直々に青椒肉絲やチャーハンの作り方を教えてもらったことがある。試しに作ってみたら実に美味しい。おかげでチャーハンを作るのが得意になった。なぜこれほど上手く作れるのか。本書を読んでその理由がわかった。中国語に堪能で、自ら中国語の文章も書く新井さんは、中国そのものを文字通り「食べて」しまったのだ。その真髄を、達意な日本語の文章で味わわせてくれる本書は、他に類例を見ない奇書だと思う。

4　花房観音『シニカケ日記』幻冬舎

花房観音さんは、小説の解説まで書かせてもらったくらい好きな作家の一人である。本書は小説ではなく、ご自身の体験をそのまま記されたものだ。ここに語られていることは他人事ではない。還暦を過ぎた私自身にいつ起こってもおかしくないことだ。いざ起こってしまったとき、こんな軽妙洒脱な文章で自分自身をも笑い飛ばすことができるだろうかと思わずにはいられなかった。根底に関西の文化があるように感じたのは、関東人ゆえの偏見だろうか。

5　四方田犬彦『いまだ人生を語らず』白水社

これもまた自らの死を強く意識しながら書かれた一冊だ。四方田さんはかつての明学の同僚であり、常に私よりも十年先を歩み、人生の水先案内人として、暗闇を明るく照らし出してくれる存在だった。二〇二四年で勤務先の大学を辞めることにしたのも、四方田さんからの影響が少なからずある。本書のどのページをめくっても、古稀に達した四方田犬彦の相貌が立ちのぼってくる。

細川　周平

（日本音楽史）

1　鈴木聖子『掬われる声、語られる芸――小沢昭一と『ドキュメント日本の放浪芸』』春秋社、二〇二三年

一九七一年、小沢昭一は各地の大道芸、「世のみなさんの捨てた芸」と彼がかばう放浪者の芸能を現場で録音し、自らのコメントを加えたLPボックスを発表した。万歳芸、香具師、説教芸人、猿回しなど。学術的アーカイブではなく、

「私はこう見る、これを見た」を強力に打ち出した署名入り作品だ。小沢は捨てておいて、無形文化財として小ぎれいに拾い上げる文化政策の虚無を批判する。党派を組みやすい左翼を追っ払い、現場の人に寄り添う。

ストリップを扱う最終章は迫力。男性優位の視線、売り物のセクシュアリティ云々の今どきポスト何とかでなく、脱ぐ女を見に行く客と彼らに寄り添う小沢に正面からぶつかる女性人文学者の筆圧と筆の巧み。ダンサーの人間的な魅力も見失わない。竹中労の米軍占領下沖縄連作との比較は鋭い。

2 毛利眞人『幻のレコード――検閲と発禁の「昭和」』講談社、二〇二三年

『SPレコード入門――基礎知識から史料活用まで』（スタイルノート、二〇二二年）ほか複数の明治〜昭和音楽史を持つ著者の最新作。歌詞の検閲は明治にさかのぼるが、レコードに内務省の監視が行き届くのは業界が拡大した昭和の御代に入ってから。エロいグロい歌詞は文芸と同じ網にかかったが、渡辺はま子の「忘れちゃいやヨ」（一九三六年）を通してしまい、世間が騒然となった。その時から、歌唱法もその対象となった。潜在的に風俗紊乱しそうな女性歌手には特に厳しい措置が下された。その勢いで日米大戦中、「敵性音楽」の烙印でアメリカ音楽（ジャズ）のレコードが数百枚発禁になった。その時代の検閲官小川近五郎を本書は追いつめる。人間的と言えば言えるし、役人的と言えば言える言動分析（本書は彼に捧げられている）。毛利は戦後のGHQの介入や「放送禁止」処分、SNSの書き込みまで検閲は続くという。ジャニーズに無言の検閲がかかっているのを、令和のメディアと暮らす我々は知っている。

3 マイク・モラスキー『ジャズピアノ――その歴史から聴き方まで』岩波書店、二〇二三年

よくある巨匠、名盤の編年史、贔屓の引き倒しでない。きっちりそれぞれが歴史のなかで描かれているのがすばらしい。一九世紀末の南部黒人ピアニストが発明したラグタイム、ブギウギにさかのぼり、「ジャズ以前」、クレオール・ピアノをしっかり押さえている。ジャズらしいピアノがスタイルとなるうえで重要なテディ・ウィルソンやアート・テイタムが、これだけきっちり論じられた日本語本はない。エリントンのピアノについても納得できた。著者が相当弾けることが随所に活かされている。初心者向けに左手でリズムをとらせてピアニストの気分にさせたり、ピアノ中心で録音を聴いてドラムスやベースに集中させる遊びは、ベテラン講師の境地。極めつけの一曲にズームインしたり、そのピアニストの全体を知るためにズームアウトしたりも上手。豊富なエピソード、インタビュー発言で読ませどころあり。それを切り貼りして面白く読ませる批評家モラスキーの手腕。ジャズ史の拠点と

なった都市や州を都市開発の歴史や人種、食、興行界などに話を拡げているのはさすが。楽譜を使わずに、録音を解説する文章は読ませる。

即興と録音を本質とするジャズピアノは当然ピアニストの歴史。それでは楽譜が本質のクラシックに編年体や伝記に終わらないピアニスト史、教育メソードや学校や、国や地域や性別を論じる研究はあるのだろうか、と思った（あるのだろうが知らないだけ）。

4　永冨真梨・忠聡太・日高良祐編著『クリティカル・ワード ポピュラー音楽――〈聴く〉を広げる・更新する』フィルムアート社、二〇二三年

ポピュラー音楽を考え直すためのキーワード二八を簡潔かつ丁寧に読ませるガイドブック。大学のなかで芸術音楽、民族（民俗）音楽と隣接しつつ区別される第三の領分として、ポピュラーが確立されて半世紀がたち、若い研究者がきっちり育っている。日本でもその学会が組織されて四〇年近くたつ。その創設をさる二月に亡くなった三井徹さんらと手伝ったことを懐かしく思い出した。一二月にはそのポピュラー音楽学会にて三井追悼の討論会が持たれ、感慨にふけった。早すぎると叱られるのだが、晩年意識が高まるばかりの一、二年。年上目線で本書を読んだ。

5　三浦和人監修、冨山由紀子執筆『牛腸茂雄全集　作品編』赤々舎、二〇二二年

市立伊丹ミュージアムにて充実した回顧展を見た。その記念に購入。展覧会では写真集ごとに統一したフレームの写真群から、ぼくも知っている七〇年代の人いきれ、八〇年代の渋谷や下北沢の街いきれが伝わってきた。もう半世紀近くたったことに呆然とする。それでも毎日は繰り返す。牛腸の写真はその平凡な繰り返しをふと描く。

山口　二郎（政治学）

1　黒川みどり『被差別部落に生まれて――石川一雄が語る狭山事件』岩波書店

狭山事件の被疑者、石川一雄の伝記。石川が罪を着せられるまでの過程、獄中での戦いについて詳細に描く。特に感銘深いのは、拘置所収監中の石川に読み書きを教えた看守と、辞書や筆記用具を差し入れたその妻の存在。「文字が読めなければお前はこのまま死刑になるのだぞ」と叱咤しながら石川に文字を教えた看守の正義感を自分はもっているかと反問する。日本の警察と刑事裁判に対する告発の書でもある。

2　三牧聖子『Z世代のアメリカ』NHK出版新書

新書版ながら、現代アメリカの政治と社会の変容を活写する。現在のアメリカ政治には、宗教的原理主義の過大な影響

力、反知性主義など多くの危険が存在する。他方で、アメリカの若者の間には、平和、平等という価値観に対するコミットメント、理想主義、環境問題への関心など従来にない特徴があるとされる。この数年の過渡期を乗り切れれば、アメリカの将来には希望があると思わせてくれる。

3　池田真歩『首都の議会――近代移行期東京の政治秩序と都市改造』東京大学出版会

明治維新以後、江戸から東京に変わる中で、地方議会がどのように形成され、地方政治家がどのように生まれてきたかを描いた、視野の広い研究。下からの参加や表出というのはいつの時代にもあり、それを制度化するためにどのような試行錯誤があったたか、教えられた。

4　川上未映子『黄色い家』中央公論新社

大学教師をしていると、世の中の実態はわからない。新聞で、若者を搾取する悪辣なビジネスや、若者の生きづらさについて一応の知識を得ていたつもりだった。この小説を読んで、若い人々の世の中に対する心象風景がわかったような気がした。

5　大森淳郎・NHK放送文化研究所『ラジオと戦争――放送人たちの「報国」』NHK出版

一九三〇年代から太平洋戦争の敗戦、そして戦後のラジオが国民に対して戦争について何をどう伝えたかを様々な資料や関係者へのインタビューによって掘り起こした労作。一九四五年八月一六日に政府の情報局の報道方針について、「情報局ノ輿論指導方針――国民全部ノ罪ト指導シヨウトイフコト」と記した関係者のメモを発掘していることに、驚き、衝撃を受けた。メディアと民主主義に関する問題提起を行う書物である。

沼野　充義

（ロシア・ポーランド文学、現代文芸論）

1　亀田真澄『マス・エンパシーの文化史――アメリカとソ連がつくった共感の時代』東京大学出版会、二〇二三年

若手メディア論研究者による注目すべき意欲的研究書。著者は「マス・エンパシー」を集団的に「メディアを介して喚起される共感（エンパシー）」と定義し、主に一九三〇年代のソ連とアメリカにおいてそれがいかにプロパガンダに活用されたかを論ずる。「宣伝」「映画」「ラジオ」「苦しみ」「喜び」「憧れ」といった話題に沿って「対比列伝」風にソ連とアメリカを並行的に描き出す手腕は見事。やや小ぶりな本だが、英露の文献を博捜したスケールの大きな研究である。「共感」が重視される現代にとってもアクチュアリティの高い一冊だ。

2　小林文乃『カティンの森のヤニナ――独ソ戦の闇に消え

た女性飛行士』河出書房新社、二〇二三年

ソ連のカティンの森で殺されたポーランド将校の中に、ただ一人女性のパイロットがまじっていた。それが本書の主人公、ヤニナ・レヴァンドフスカである。彼女の数奇な運命を追いながら、著者はポーランドからロシアへと、あちこち飛び歩くように取材を続け、その精力的な健脚の旅に導かれて、読者の前には思いがけず壮大で複雑な二〇世紀の歴史パノラマが開けてくる。ポーランドの悲劇の歴史の中に分け入った著者の姿勢は真率かつ誠実。紀行ノンフィクションの傑作である。

3 和田春樹『回想 市民運動の時代と歴史家――1967―1980』作品社、二〇二三年

日本を代表するロシア史家の自伝的回想。二段組で三〇〇ページを超える大冊に体験の詳細（主として反ヴェトナム戦争、日韓連帯運動、ソ連体験）がおびただしい人名とともにびっしり詰まっていて、著者の記憶・記録の緻密さに驚かされる。関連図版や写真も多く、著者が歴史家として自分の生涯をも史料として対象化する姿勢が貫かれている。その語り口は一貫して謙虚、篤実なものだが、その一方でたくまざるユーモアが時々光るのも面白い。和田先生はモスクワでの入院生活のくだりでは、「浣腸」のロシア語を知っていたと少々誇らしげに（?）書いている。

4 Stanisław Lem, *Śledztwo* (1959), *Pamiętnik znaleziony w wannie* (1961)（スタニスワフ・レム『捜査』および『浴槽で発見された手記』）

ポーランドのSF作家スタニスワフ・レムの初期と盛期をつなぐような長編二つ。どちらも六〇年以上昔の作品だが、このたび久山宏一・芝田文乃氏によってポーランド語から新訳されることになり（二〇二四年初頭に国書刊行会より刊行予定）、解説を書くため私も久しぶりに精読し、古びないレム作品のアクチュアリティに改めて驚いた。『捜査』はSFやホラーとの境界線上にある、推理小説の存立条件を問い直すという「メタ推理小説」。『浴槽で発見された手記』は怪物的官僚機構を風刺した陰鬱な幻想的スラップスティックとして読める。

5 «Три века русской поэзии». Составил Н. В. Банников. Издание второе. Москва: Просвещение, 1979（N・V・バンニコフ編『ロシア詩の三世紀』第二版、モスクワ、プロスヴェシチェーニエ社、一九七九年）

だいぶ前にソ連で出た近代ロシア詩（一八世紀半ばから二〇世紀半ばまで）のアンソロジー。私の選・訳によるロシア詩集の計画があり、そのための基本資料としてぱらぱら読み返している。ソ連時代のイデオロギー的制約はあるというものの（亡命詩人などは当然入っていない）、編者バンニコフ

は決まりきった有名な詩よりは、学校教育で使う名詩選からもれるようなものに力点を置いている。全八六二ページにおそらく一〇〇〇編ほどの詩を収める巨大な一冊だ。ロシアの詩的文化の層の厚さを感じさせる。

奥山　淳志

（写真家）

写真家の鬼海弘雄さんが二〇二〇年にお亡くなりになった。読書家で知られる氏の病床に置かれていたというのが車谷長吉『赤目四十八瀧心中未遂』（文藝春秋）。それを聞き、車谷小説を数冊読み耽った。とくに印象に残ったのは、『漂流物』（新潮社、一九九六年）。独特の言い回しで語られる流れの料理人見習いの独白は、澱んだぬかるみのなかを歪みながらもふわふわと舞うシャボン玉のよう。人間の「生」の粘膜まで描き切る車谷の小説に、病床の鬼海さんは何を見たのだろう。

ロシアと内モンゴルの国境を流れるアルグン川で生きてきたエヴェンキ族の栄枯盛衰を九〇歳になる酋長の妻が物語るという形式で書かれた遅子建『アルグン川の右岸』（竹内良雄・土屋肇枝訳、白水社、二〇一四年）。自然とともに暮らす民の暮らしと精神が、近代化の流れのなかで失われていく様子が美しい筆致で描かれる。読後は〝人間の夢〟を見ていたという印象だった。人が生き、死んで、また新しい魂が生まれる。現代にとって、この当然ともいえる人間存在のリアリティは、消えゆく民族の物語でしか知ることができない夢物語なのだろうか。

犬と一緒に徒歩で北海道南北分水領を旅するという服部文祥『北海道犬旅サバイバル』（みすず書房、二〇二三年）は、読む前と読んだ後では印象が異なる一冊だった。著者は言わずと知れたサバイバル登山家。人間のなかの野生を見つめ、行動し、言葉を綴る。その表現は単純に考えると現代人（ちょっと大雑把だが）へのアンチテーゼだが、こうした旅をやらなくては今の日本を生きていけないという著者にこそ、現代を生きているという印象を持った。こうした矛盾を知りつつも自らを正面から問い続ける姿勢が、今を生きていく著者の覚悟なのだろう。

死んでしまった猫のタマの姿を描いた画文集、横尾忠則『タマ、帰っておいで』（講談社、二〇二〇年）は画家による愛猫のレクイエム。動物が好きで、彼らとの別れ方をずっと考えてきた者からすると、記憶を目の前に持ち出せる画家の魔法に改めて驚く。記憶を深め、新しくもできる、しかも愛らしい絵に代えて。そう、絵に「帰っておいで」と呼べるのだ。

白石 直人（統計物理学）

1　杉山正明『遊牧民から見た世界史 増補版』日経ビジネス人文庫、二〇一一年

従来の中華王朝を中心とする歴史記述を批判し、中国の歴史は漢人よりもむしろスキタイ、匈奴、突厥、遼などの遊牧勢力によって動かされていたことを示す。最近出版された森部豊『唐——東ユーラシアの大帝国』（中公新書、二〇二三年）も、本書の流れを踏まえ、隋唐が鮮卑拓跋部の出自を持つことや唐におけるソグド人の影響などを論じている。

2　東島雅昌『民主主義を装う権威主義——世界化する選挙独裁とその論理』千倉書房、二〇二三年

近年の権威主義国家は、イメージに反し一定の範囲で選挙を認めている場合が多い。なぜ選挙を認めるのか、なぜ有利なはずの独裁者がしばしば選挙で危機に陥るのか。比較分析と事例研究の双方から「権威主義体制の選挙」の本質に迫る力作。

3　岩﨑周一『ハプスブルク帝国』講談社現代新書、二〇一七年

一〇〇〇年にわたるハプスブルク帝国の歴史を一望する濃厚な新書。最新の研究成果を踏まえつつも、観光名所やベートーヴェン、カフカなど著名文化人を交えたエピソードを豊富に引用して、一般読者にも読みやすいよう随所で工夫がされている。四〇〇頁超と新書としては分厚いが読みやすい。

4　工藤重矩『源氏物語の結婚——平安朝の婚姻制度と恋愛譚』中公新書、二〇一二年

平安時代の結婚は一夫一妻が原則だったことを指摘、その婚姻制度によって源氏物語や同時代の恋愛物語の展開がどのように制限され、なぜそのような物語の構造になったのかを鮮やかに解き明かしていく。ＮＨＫ大河ドラマ『光る君へ』の予習にも是非。

5　ジューディア・パール、ダナ・マッケンジー『因果推論の科学——「なぜ？」の問いにどう答えるか』夏目大訳、松尾豊監修、文藝春秋、二〇二二年

統計的因果推論の第一人者による待望の一冊。統計学は相関関係にのみ注力し因果の問題を忘れてしまったと批判、因果ダイアグラムという枠組を導入し、様々な具体的問題でその切れ味を見せてくれる。特にモンティ・ホール問題をこの視点から眺めるのは面白い。

大野 克嗣（理論物理学）

1　Cheryl Misak, *Frank Ramsey*, Oxford University Press, 2020

A Sheer Excess of Powers という副題のついた、興味の赴くと

ころすべてに基本的な寄与をした、ただただ知力に溢れた、若くして死ななければ計算基礎論や計算機そのものについてもチューリングなどと並ぶ寄与をしたに違いない天才のかなり詳細な伝記。それぞれの寄与についての専門家によって書かれた解説がついているが、筆者が理解できる狭い範囲については食い足りない。だから、彼の寄与を、仕事そのものからでなく、ケインズやラッセルやウィトゲンシュタインなどがいかに彼に影響されたかを通して感知するための本である。

2　中畑正志『アリストテレスの哲学』岩波新書、二〇二三年

アリストテレス哲学入門書は日本語英語（英訳）ともかなり読んできたが、本書は素晴らしい。自然科学者が共感できる解説だ。筆者はアリストテレスの本質は自然科学者だと思う。なにもないところで真面目に自然科学や社会科学をしようとすればなんでも基礎からやらざるを得ない不幸を背負ってしまったが。根が科学者の哲学者は大多数の哲学者に理解されないように感じるが、この本にはその弊がない。

3　「熱力学」の教科書いろいろ

基礎物理の一部としての熱力学は「世界は何でできているか」とか「世界の始まりはどうなっているか」というような神話の入る余地のある物理（怪力乱神をも語ろうとする物理）と一線を画している点で枢要であると筆者は考える。アメリカでは物理学科に熱力学の授業はない。日本が大いに違うのは慶賀すべきことであり、二〇二三年も大出版社や老舗の科学書出版社から熱力学を統計力学と抱き合わせた本が続々出ている。しかし、熱力学を舐めてはいけない。いろいろ出ているのにまともな本が今でもほとんど田崎晴明『熱力学——現代的な視点から』（培風館、二〇〇〇年）くらいなのはどういうことか。

吉田 徹 （比較政治学）

学部時代の師匠が雑誌『みすず』の本アンケートに回答していたのを思い返し、自分がいかほどの年齢になったのかを知る。

1　ミシェル・ウエルベック『滅ぼす』野崎歓・齋藤可津子・木内尭訳、二〇二三年

評者と同じくらいの歳の中年男性の拗れを偽悪的にまで描くのを得意とする小説家だが、彼も歳を重ねたせいか、今回は趣が異なった。爽やかな読後感は著者が新境地に達した証だろうか。

2　ロバート・D・パットナム、シェイリン・ロムニー・ギャレット『上昇——アメリカは再び〈団結〉できるのか』柴内康文訳、創元社、二〇二三年

『われらの子ども』で未来世代を投射したパットナムが、今

度は過去を振り返り、アメリカ政治社会が輝いていた時代の諸条件を探る。世界的な政治学者も過去を懐かしむようになったのか。そこはかとなく、ノスタルジアを感じる。

3　Nicolas Duvoux, *L'avenir confisqué: Inégalités de temps vécu, classes sociales et patrimoine*, PUF, 2023

加齢するということは、将来が短くなるということでもある。不平等研究で有名な著者が今度は「未来の喪失」というテーマに挑む。先進国社会の展望のなさは、様々な政治的・社会的混乱となって表出している。少なくとも個人としてはそれに加担しないようにしたい。

4　Julia Cagé et Thomas Piketty, *Une histoire du conflit politique: Élections et inégalités sociales en France, 1789-2022*, Seuil, 2023

経済的不平等の権威となったピケティが私生活上のパートナーでもあるカジェとともに、政治学の領域に挑んできた大著。実にフランス革命時からの投票行動を、例によってビッグデータで解き明かすとともに、現代フランス政治への示唆を引き出している点は脱帽としか言いようがない。

5　アリストテレス『政治学』田中美知太郎・北嶋美雪・尼ヶ崎徳一・松居正俊・津村寛二訳、中公クラシックス、二〇〇九年

奇特なゼミ生が「政治学の古典を読破したい」と言うので、大学生の時以来のこの本を改めて手に取る。アリストテレスの慧眼には敬服するが、自分の読めてなさは数十年前から変わっていない。少年老い易く学成り難し、とはこのことか。

根本　彰（図書館情報学、教育学）

1　日野行介『情報公開が社会を変える——調査報道記者の公文書道』ちくま新書、二〇二三年

情報公開制度は二〇世紀末に地方自治体から始まり、二〇〇一年に公文書公開法ができ、二〇一一年に公文書管理法ができて国の制度が整った。この制度により、公的機関が自らの意思決定過程を明らかにして行政手続きの透明度を増すことが期待されたが、実際にはその通りになっていない。長年、新聞社でこの制度を活用して調査報道を行ってきた著者は、これを利用するコツを懇切丁寧に語ってくれる。敷居が高いように見える制度も基本的には使いようであり、多くの人が使って調査や研究を行うことで開かれた政府の実現という当初の目的が実現されるはずだと言う。

それにしても、著者が苛立ちをもって語る行政の「知らしむべからず」の体質は、個々の担当官の判断を超えて組織に染み付いているもののように思われる。

2　八鍬友広『読み書きの日本史』岩波新書、二〇二三年

幕末に日本を訪れた西洋人が、江戸市中でふつうの庶民が

本を読んでいるのを見て驚いたという手記がたくさん残され、日本人のリテラシーが高いことが言われてきた。しかし、本書は書物にはかな文字による往来物と呼ばれる読み本と、漢字読み下し文（漢文訓読体）のものとがあって両者を区別すべきであるという。つまりリテラシーと社会階層は関連しており、高いリテラシーは前者についてあてはまるが、後者は必ずしもそうではない。これは上記の体質と密接に関わる。

再編集版として刊行された岡田英弘（宮脇淳子編・序、樋口康一特別寄稿）『漢字とは何か――日本とモンゴルから見る』（藤原書店、二〇二一年）によると、中国の歴代王朝は漢字をもって全土統一を果たしただけで、地方の話し言葉はばらばらだった。東アジアにおいて書き言葉が統治のツールだったことは確かだが、明治の言文一致ナショナリズムはむしろそれを強めたのではないか。書き言葉を操るエリートが国家を運営し、庶民は教科書で与えられた範囲の知の下に日常を生きるという枠組みは、時代を超えて現在に及んでいる。

3　渡邉雅子『「論理的思考」の文化的基盤――4つの思考表現スタイル』岩波書店、二〇二三年

二一世紀になってから、文部科学省は教育課程に総合的な学習の時間や探究学習を取り入れた。「主体的・対話的で深い学び」は現行学習指導要領の合い言葉になっている。だが、そこではどのような人間像が想定されているのだろうか。本書は、「論理的に書く」行為が日本、アメリカ、フランス、イランの四カ国でどのように違うのかに焦点を当てた、これまでにない国際比較研究の成果を示してくれている。日本の子どもたちの行為の特徴を挙げれば、感想文や小論文の執筆指導を通じて、社会のなかで間主観的な「共感」を表現することが強調される。これは大正自由教育以来の綴り方や戦後の作文教育から何も変わっていない。日本の国語教育は漢字の読み書きができるところで止まっていて、その先にそれをどのように使うか、使ってどうするのかの議論がないように思える。

4　デニス・ダンカン『索引　～の歴史――書物史を変えた大発明』小野木明恵訳、光文社、二〇二三年

読む行為に解釈の揺れや幅があるのは当たり前である。主体的に学ぶには批判的な読みは避けられないが、学校で「批判」は避けられやすい。本書はイギリスで出た「索引」をテーマにした本であるが、この本から読み取れるのは、索引をつける行為は批評の第一歩だということである。索引は、書物の内容に分け入って言葉を分析し情報を取り出しやすくするためのツールである。索引が必要になるということは、書き言葉の言説空間に参与するのに共感だけではなく、批評・批判の精神を合わせもつべきことを示唆している。

索引作成は索引家（indexer）と呼ばれる専門家が請け負う

ことが多い。実はかつてイギリスに倣って日本にも日本索引家協会という団体ができていた。一九七七年に設立され一九九六年に解散してしまったのだが、少々早まったのではないか。というのは、こういう本の翻訳が出るのは、サーチエンジンや生成AI全盛の時代のアンチテーゼでもあり、今、索引家のような言葉の達人が求められていることを示すのだ。（TBS系列テレビ番組『プレバト!!』を見ていて、俳人と索引家の共通点と違いに思いを致した）。

（教育社会学）

竹内 洋

1 荒川幾男『昭和思想史――暗く輝ける一九三〇年代』朝日選書、一九八九年

国家権力を後ろ盾にした近年の官僚主導の大学改革をみて、昭和戦前期の革新官僚を思い出した。そこで、本書第二章（「国家精神の政治的神話」）の「2 国家の実務家」を再読。続いて同氏の「一九三〇年代と知識人の問題」（『思想』一九七六年六月）、「知性の変貌」（同誌、一九七七年三月）も再読。近年の学知の黄昏とコンサル知の覇権もダブってみえてくる……。

2 筒井清忠『近代日本暗殺史』PHP新書、二〇二三年

明治から大正の安田善次郎（朝日平吾事件）、原敬首相までの暗殺の背景と暗殺者の心理に立ち入っている。暗殺史からその時代の空気を知ることができる。本書で注目すべきなのは、そうした個々の暗殺の記述と分析にとどまらず、社会の側に暗殺者の意図をくみとろうとする同情文化があったことに踏み込んでいるところだ。暗殺の否定は、そこをふまえてのりこえることで生まれるという指摘は重い。

3 堂場瞬一『デモクラシー』集英社、二〇二三年

二〇二X年、抽選で国政議員が決定される。くじ引き民主主義がはじまった。国政選挙で「国会議員はいらない」を訴えた党が勝利したからである。抽選で議員に選ばれた大学生田村さくらを主人公として展開される実験政治小説。続編も用意されているという。小説が現実を変えるきっかけになるかも。

4 貝塚茂樹『吉田満――身捨つる程の祖国はありや』ミネルヴァ書房、二〇二三年

「私たちの世代の最良の人」（鶴見俊輔）といわれた吉田の評伝。戦艦大和と沖縄水上特攻から戦後の身の処し方にいたるまで、膨大な資料の読み解き、検証による再現。生前、吉田は、戦後日本の平和にはなにか根拠があったわけではない、「全く僥倖」と言っていた。

青山　直篤

（朝日新聞国際報道部）

1　*Amos Oz, A Tale of Love and Darkness*, Harcourt, 2004

朝日新聞で国際報道を担当するデスクとして、二〇二三年はやはり戦争と中東、米国について考える機会が多かった。パレスチナで殺戮が続くさなか、イスラエルを代表する作家アモス・オズのこの自叙伝を読み進め、心が震えた。

オズの名を教えてくれたのは、ワシントン特派員の際にしばしば取材していたユダヤ系の元米政府高官だった。米国で活躍したイディッシュ作家アイザック・B・シンガーが好きだと話したら、「アモス・オズも読んだ方がいい」と告げられたのだ。

ユダヤ人の歴史を背負い、イスラエル国家の草創とともに歩んだオズと家族の物語はあまりにも哀切だ。ウクライナ出身の母親がオズに残した、深い刻印も胸に迫る。ただ、不思議なことだが、読後には、オズの根底にある人間性への信頼が伝わってくる。

この自叙伝の邦訳がないのは日本にとって損失だ。講演やインタビューをまとめたものだが、アモス・オズ『わたしたちが正しい場所に花は咲かない』（村田靖子訳、大月書店、二〇一〇年）などは、オズの思想を感じ取る手引きになる。

2　東浩紀『訂正可能性の哲学』ゲンロン、二〇二三年

前項で紹介した本のタイトル「わたしたちが正しい場所に花は咲かない」は、とてもよい言葉だと思う。二〇二三年の雑誌『みすず』「読書アンケート特集」ではフランシス・フクヤマ『リベラリズムへの不満』（邦訳　会田弘継訳、新潮社、二〇二三年）を紹介し、フクヤマ氏に取材もして、「正しさ」の意味について自分なりに考えた一年だった。「正義とは、民主主義とは、「訂正可能性」のことである」と論じる本書を幾度か読み返したが、そのたびに学ぶところが大変多かった。

「ぼくたちはつねに誤る。だからそれを正す。そしてまた誤る。その連鎖が生きるということ」。この言葉に、著者の誠実な思考の歩みが凝縮されている。

3　宇根豊『農はいのちをつなぐ』岩波ジュニア新書、二〇二三年

著者は福岡県の田んぼで生きる農の思想家。「百姓仕事は、生きもののいのちを奪ってばかり」との自覚から、農の本質を突き詰めようとする。そこには、「奪ってばかり」ではあるが、同時にいのちを「育ててもいる」という両義性がある。「次の年には必ずその生きものと会えるように、また生まれてくるように、私は仕事をしている」と語る。

人間は正しくなれない。誤ってばかりだが、それでもなぜか、今いる世界より正しく、美しい世界を欲してしまう。正

しくなれなくても、正し続けることはできる。その教師となるのは、著者のいう「天地有情」の日本の山河であり、身近な人々との関わりなのだろう。

以前、取材で著者の田んぼを訪れたときの印象は鮮烈だった。宮澤賢治が「人生と自然とを不断の芸術写真とし……巨大な演劇舞踊として観照享受することを教へる」(『農民芸術概論綱要』)とうたった農民芸術の小宇宙のように思えた。同じ著者の『うねゆたかの田んぼの絵本』(全五巻、農文協、二〇二〇―二一年)も、次の世代に長く引き継ぎたい本だ。

山内　一也

(ウイルス学)

1　加藤寛幸『生命の旅、シエラレオネ』ホーム社

エボラ出血熱は高い致死率の代表的新興感染症で、一九七六年以来、発生がアフリカ諸国で起きている。本書は、二〇一四年シエラレオネでのエボラ出血熱の大きな発生の際、国境なき医師団(MSF)の一員として参加した小児科医の手記である。著者は、まずアムステルダムのMSF本部でトレーニングを受けたのち、現地での診療に携わった。ハイリスク・エリアでは防護服で全身を覆い、汗が長靴に溜まるという過酷な環境での仕事なので、五週間の勤務で交代する予定だった。患者の診療は安全のために日没までという制約のもと、予定外の作業が入り、著者は、点滴開始前に使用済み注射針を捨てる箱の用意を忘れるという些細な違反をしたために、二七日間の勤務で帰国が命令された。安全対策の厳格さがうかがわれるエピソードのひとつである。エボラと闘う子どもたちと向き合う医師の苦悩や努力の実態が生々しく語られている本書はぜひ多くの人に読んでもらいたい。

2　倉沢愛子・松村高夫『ワクチン開発と戦争犯罪――インドネシア破傷風事件の真相』岩波書店

一九四四年、当時日本占領下のジャワ島で半強制的に労働させられていたインドネシア人ロームシャ(労務者)の間で破傷風の集団発生が起こり、多数が死亡した。原因は日本軍に没収されていたバンドゥンのパスツール研究所(陸軍防疫研究所に改名)で日本人研究者が開発中の破傷風ワクチンだった。破傷風ワクチンはその毒素をホルマリンで不活化して作製される。この事件は不活化されずに生き残った毒素による感染が原因と考えられる。しかし、日本軍は自分たちの過失とは認めず、ジャカルタの著名な研究所長をスケープゴートにして、意図的に毒素を混入したというストーリーを作り上げ死刑に処した。この破傷風ワクチン開発には、七三一部隊が関与していた。七三一部隊の活動は、満州だけでなく南方占領地にまで広がっていたのである。数多くの一次資料と関係者へのインタビューにより、戦中から戦後にかけて隠さ

れていた真実を発掘した著者たちに敬意を表したい。

3　サラット・コリング『抵抗する動物たち――グローバル資本主義時代の種を超えた連帯』井上太一訳、青土社

生命倫理学者のピーター・シンガーは、著書『動物の解放』（改訂版、戸田清訳、人文書院、二〇一一年）で動物は人に利用されるための存在ではないと主張し、「動物の権利」を主張した。動物実験における「動物福祉」では、苦痛を感じる生きものとして人道的に配慮することが要求されている。本書では、動物を人間と同様に意図性を持つ行為者ととらえ、農場、市場、屠殺場、実験施設、水族館、公演テントなどに幽閉された動物たちの抵抗の実態を紹介し、その背景にある社会的・政治的環境を議論している。動物倫理の議論に「脱搾取（ビーガニズム）」という新しい視点が加わったのである。

油井　大三郎（米国史）

1　ダニエル・ソカッチ『イスラエル――人類史上最もやっかいな問題』鬼澤忍訳、NHK出版

イスラエルとパレスチナの共存はどうすれば可能なのか、著者は対立の歴史的起源や米国における親イスラエル派の実態を解明した上で、イスラエルの民主化にその答えを求める。近年、米国で目立ち始めた反シオニズムの立場に立つユダヤ系の動向にも注目。

2　小川幸司『シリーズ歴史総合を学ぶ3　世界史とは何か――「歴史実践」のために』岩波新書

高校で世界史を担当する教員による世界史教育の実践的提言の書。歴史実証・歴史解釈・歴史批評・歴史叙述・歴史対話・歴史創造という歴史実践の六層構造の提起や高校の必修科目となった「歴史総合」の大項目、近代化・国際秩序の変化と大衆化・グローバル化に対応した教授法を語り、世界史と日本史を統合した歴史総合の面白さを示す。

3　仁昌寺正一『平和憲法をつくった男　鈴木義男』筑摩選書

憲法九条の平和条項や二五条の生存権の挿入に貢献しながら、歴史に埋もれていた人物を初めて発掘した書。大正デモクラシー期に吉野作造などに師事し、第一次世界大戦直後の西欧に留学、戦災の激しさを目撃し、世界平和の必要性を痛感、また、一九三〇年代には河上肇ら治安維持法の被告を弁護、裁判で思想は裁けないという原理から多くの被告を無罪や執行猶予とする。そうした戦前の体験が戦後の平和憲法制定につながったことを示す書。

4　三牧聖子『Z世代のアメリカ』NHK出版新書

一九九七年から二〇一二年までに生まれたアメリカ人をZ世代という。彼らの中で米国に誇りを持つと答える者の割合

は二〇二〇年の調査でわずか二〇%だという。彼らが見てきた米国は、対テロ戦争による犠牲、格差の拡大、人種差別の激化などにもがき苦しむ米国だからだと著者はいう。米国の将来はこの世代によって担われるのであるから、この世代の認識に注目する必要がある。

重田 園江（政治思想史）

1 デヴィッド・グレーバー、デヴィッド・ウェングロウ『万物の黎明――人類史を根本からくつがえす』酒井隆史訳、光文社、二〇二三年

人類史について巷で言われてきたことを、まさに根本から見直そうとする本。内容の可否はさまざまに判定されるのだろうが、重要なのは彼らがなぜ、何のためにこのような主張をするか、その動機である。昨今の「ざっくり人類史」の流行によって、私たちは知らぬ間にある種の運命論と、逆さまに価値づけられた生物学的進化論に支配されてきた。だが、人類の社会的・共同的な営みは有史以来、想像を超えるほど自由で多様で、創意工夫に富んだものだったのではないか。これは彼らの「アナキズム史観」による、人類史への壮大な挑戦の書である。

2 川出良枝『平和の追求――18世紀フランスのコスモポリタニズム』東京大学出版会、二〇二三年

内容に自信がありテーマが明確な著書は、気を衒った題名をつける必要がない。本書のタイトルはとても潔い。血で血を洗う宗教戦争の後の時代に、人類愛に基づく永久平和を願い、その構想を作り上げた人々がいた。だが彼らはヨーロッパの平和構想の裏面にある、大国の情念と闘争、植民地支配と奴隷制という暗黒にも気づいていた。帝国主義と世界大戦以前の時代のどこか楽観的な平和論からは、だからこそ学ぶべき点が多い。本書が著者の二冊目の単著であることを考えると、二〇年以上にわたる苦闘の跡がちらりと垣間見えるのも、読んでいて心地よい。

3 『ミシェル・フーコー講義集成2 刑罰の理論と制度――コレージュ・ド・フランス講義1971―1972年度』八幡恵一訳、筑摩書房、二〇二三年

待望の初期コレージュ講義の翻訳。これで筑摩書房の講義集成シリーズもあと一冊を残すだけとなった。何より出しつづけてくれたことに感謝する。この年の講義は録音テープがなく、フーコーの講義草稿の再現となっている。そのことによって講義の躍動感は失われたかもしれないが、削ぎ落とされた表現がかえって一つ一つの言葉の強さを際立たせている。何よりこの時期のフーコーは思考の煌めきの絶頂期にあり、また当時フランスで隆盛を誇った社会史に最も近づいた時期

でもある。なんといっても、刑罰は、そして刑罰をめぐって処罰される側と処罰する側が繰り広げる抗争は、とてもエキサイティングなのだ。

4　南基正『基地国家の誕生――朝鮮戦争と日本・アメリカ』市村繁和訳、東京堂出版、二〇二三年

ウクライナ戦争以来、日本でも軍備増強の声が大きくなり、軍事費膨張政策への反対が難しくなっている。こうした国際状況の変化の中、戦後史の見直しは急務である。朝鮮戦争を基軸に韓国‐日本‐アメリカの三国関係から「基地国家」として日本を捉える本書は、今こそ必読の文献だ。戦後日本はアメリカの従属国家だと言われるが、それを決定づけたのはやはり朝鮮戦争である。著者はソウル大学日本研究所所長だが、本書の元になった博士論文は東京大学に提出されたものである。この間の日韓関係の悪化もつぶさに見てきた著者の指摘は、知らなかった事実ばかりで瞠目させられる。

二〇二三年は他にも、浜忠雄『ハイチ革命の世界史――奴隷たちがきりひらいた近代』（岩波新書、二〇二三年）や佐久間寛編『負債と信用の人類学――人間経済の現在』（以文社、二〇二三年）などを通して、植民地主義やグローバルな搾取についての本、たとえばシドニー・W・ミンツ『甘さと権力――砂糖が語る世界史』（川北稔・和田光弘訳、ちくま学芸文庫、二〇二一年）、スヴェン・ベッカート『綿の帝国――グローバル資本主義はいかに生まれたか』（鬼澤忍・佐藤絵里訳、紀伊國屋書店、二〇二二年）などに巡り合うことができた。

大島　幹雄（ノンフィクション作家）

1　桃山邑『河原者のけもの道』羽鳥書店、二〇二三年

二〇二二年に亡くなった水族館劇場座長桃山邑が、余命宣告を受けてから、それまでの自分の生き方を振り返り、どう芸能と向き合ってきたか語り残してくれた。桃山がやろうとしていたことは、芸能にこめられた人びとの情念をなんとか肉体化しようとしたことだった。「幾重にもおりたたまれたひとびとの無念をときはなつ契機をやどす宴を僕は芸能という言葉にたくしている」という言葉の中に、彼が捉えた芸能の本質がある。

2　澤田隆治『ルーキー新一のイヤーンイヤーン人生』つちや書店、二〇二一年

最後の著作が、才能をもちながら、自滅して転落、しかも四四歳という若さで死んだルーキー新一というのが澤田さんらしい。成功せずに消えていった芸人たちのことを「残してやらんと可哀相やないですか」といつも言っていたのを思い出す。『てなもんや三度笠』『花王名人劇場』などテレビ界の

伝説となっている番組をつくった澤田さんは、日本でただ一人の笑芸史家でもあった。それを証明する真情あふれる一冊だ。

3　玉居子精宏『忘れられたBC級戦犯――ランソン事件秘録』中央公論新社、二〇二三年

東京裁判で裁かれた東條英機以下戦争を指導した政府・軍の要人たち、A級戦犯たちの中で死刑になったのは七人、それに対して捕虜虐待、民間人への加害の罪に問われた戦犯者たちはそれぞれB級、C級といい、四二〇〇名が処刑されたという。本書はベトナムで起きた四〇〇人の仏軍捕虜が虐殺されたランソン事件で、それを命じたとされ、BC級戦犯者として処刑された四人が残した、忘れ去られていた記録を発掘、丁寧に読み、さらには遺族たちとも会いながら、BC級戦犯者がなぜ処刑されなければならなかったのか、そこに戦争の実相があること、つまり国家と個人という問題にまで掘り下げた力作である。

4　ドゥブラヴカ・ウグレシッチ『きつね』奥彩子訳、白水社、二〇二三年

日本、イタリア、イギリス、オランダ、さらには著者の母国クロアチアなど舞台を転々としながら、そこにふと現れるきつねが案内する物語には、いくつもの仕掛けが施されている。きつねは、その土地の精霊の化身であり、トポスが交錯、事実と虚構が錯綜するなか、越境する物語のありかをさぐっていく。この糸口となるのが、日本でのピリニャークの物語というのも興味深かった。

柿沼　敏江（音楽学）

1　阿部万里江『ちんどん屋の響き――音が生み出す空間と社会的つながり』輪島裕介訳、世界思想社、二〇二三年

一時は絶滅危惧種と思われたちんどん屋が近年復活しつつある。文化人類学やカルチュラル・スタディーズなどの議論を踏まえて書かれた研究書だが、幼少期を日本で過ごしたアメリカ在住の著者の柔らかな思考が印象深い。「響き」をキーワードにしながらも、演者の足さばきや「風」という比喩に着目し、八〇年代からのちんどん屋復活を路上観察学と結びつける離れ業をやってのける。沖縄の基地問題や脱原発運動にもコミットする和洋折衷の楽隊の、華やかながらも奥深い世界を、活き活きと覗き見させてくれた。

2　堀朋平『わが友、シューベルト』アルテスパブリッシング、二〇二三年

若き気鋭の音楽学者による渾身のシューベルト論。最新の学術的成果を参照し、幅広い知見を盛り込んだ六〇〇ページを超える大著は、しかし通常の学術書ではない。大作曲家を

「わが友」と親しみを込めて呼ぶことのできる境地にまで到達した著者は、「宇宙」「狂騒」「神」「愛」などの言葉をもとにこの作曲家を解き明かしていくが、そこには汲めども尽きぬシューベルト愛が滲み出ている。

3　輪島裕介『昭和ブギウギ――笠置シヅ子と服部良一のリズム音曲』NHK出版新書、二〇二三年

「ブギの女王」と呼ばれた笠置シヅ子と作曲家の服部良一がどのようにブギウギの世界をつくりあげていったかを綴った本だが、その背景にある大阪文化と東京文化の相違、両者の交配を浮き彫りにした文化論としても読むことができる。ともに大阪庶民層の出身であった二人がつくりあげたリズム音曲の世界が、親しみやすい「庶民的」な筆致で語られる。

4　高橋智子『モートン・フェルドマン――〈抽象的な音〉の冒険』水声社、二〇二二年

ジョン・ケージを中心とする「ニューヨーク・スクール」の作曲家のなかでも、モートン・フェルドマンは特異な輝きを放っている。マーク・ロスコらの抽象表現主義のアーティストとの交流は、《ロスコ・チャペル》などの名作を生み出すきっかけとなった。「抽象的なもの」を創作の核心とする作曲家についてのはじめての評伝は、丁寧にわかりやすく書かれており、絶好の手引書とも言える。

5　菊地信義『装幀余話』作品社、二〇二三年

二〇二二年三月に亡くなった装幀家菊地信義の最後の本。ベン・シャーンに憧れてデザインの道に入ったという装幀家の関心は幅広く、草月会館でのジョン・ケージの初来日コンサートという「ちょっとした事件」に立ち会ったこともあった。「最後の弟子」水戸部功が装幀を担当した本書は、白一色に銀文字をほどこしたシンプルで美しいデザインになっており、この装幀家への一種のオマージュともなっている。

頭木　弘樹（文学紹介者）

1　アンドレアス・キルヒャー編『カフカ素描集』高橋文子・清水知子訳、みすず書房

カフカ没後百年を前に、カフカの没後ずっと金庫に眠っていて見ることのできなかった素描の数々が初めて書籍化され、邦訳された。カフカファンにとって、とても大きな事件だった。

2　山田太一（頭木弘樹編）『ふぞろいの林檎たちV／男たちの旅路〈オートバイ〉――山田太一未発表シナリオ集』国書刊行会

私が編者だが、実際には発見者に過ぎない。山田太一邸の書庫で、未発表の台本を発見したときの驚きはふるえるほどで、特別な読書体験だった。刊行後に、山田太一は逝去され

た。

3　市川沙央『ハンチバック』文藝春秋

他の人も選ぶだろうが、難病患者の私にとって外せない一冊。小説の中の難病患者は、健気に明るく生きる美少女だったり、生き残る者に感動と勇気を与える存在だったりした。そこに鉄槌を下してくれた。本当に爽快だったし、ここから本当の、難病当事者による文学が始まるかもしれない。

4　横道誠『グリム兄弟とその学問的後継者たち——神話に魂を奪われて』ミネルヴァ書房

昔話では類話がとても重要だし、いちばん面白いところ。しかし、類話を研究するには、国を越えた多言語多文化への理解が必要で、なかなか難しい。しかし、この著者はまさにそれができる人。英語、ドイツ語、フランス語、イタリア語、スペイン語、アイスランド語、ギリシャ語、ラテン語、ゴート語、アラビア語、中国語が出てくる。西村正身以来の快挙だと思う。

5　斎藤真理子『本の栞にぶら下がる』岩波書店

韓国文学の翻訳者による読書エッセイ。読者を完全に信頼して書かれていて、しかもその信頼に応える読者がちゃんといる。その関係性が嬉しい衝撃だった。

根井　雅弘

（経済学史）

1　二〇二三年初めに読んだ本の中では、『アマルティア・セン回顧録』（東郷えりか訳、勁草書房、二〇二二年）が最も読みごたえがあった。ベンガル飢饉の衝撃から経済学の研究を志し、独自の「福祉の経済学」を構想したインド出身の経済学者の貴重な回顧録だが、三〇歳になったところで終わるのだけは残念至極である。だが、若い頃のセンが人文学的素養を十分に身につけた上で、数学や物理学への関心を示すようになり、最終的に経済学にたどり着いた経緯が興味深く語られている。三〇歳より先の人生はいつ語られるのだろうか。センはすでに高齢なので、ちょっと気になる。

2　昨年来、講演や授業参観などで日吉の慶應義塾高等学校を何度か訪れたが、偶然見たYouTubeで、三田にある慶應義塾本部の塾長室で『学問のすゝめ』出版一五〇年プロジェクトが進行中であることを知った。福澤諭吉を扱った新書も数冊出たが、その中では、小川原正道『福沢諭吉　変貌する肖像——文明の先導者から文化人の象徴へ』（ちくま新書、二〇二三年）が私には最も興味深く読めた。福澤像が時代文脈の違いによって微妙に解釈が変化していったプロセスを丹念に追っている力作である。初心者向けではないが、ある程度、福澤を知っている人が読めば、自分自身の福澤のイメージがどの時代に形成されたかを知ることができるだろう。

3　ケインズ生誕一四〇年の年に出た、伊藤宣広『ケインズ——危機の時代の実践家』（岩波新書、二〇二三年）は、ケインズ全集やそれ以後に利用可能になった膨大な文献を解読し、ケインズが第一次世界大戦後の対独賠償問題や金本位制再建問題、一九三〇年代の大恐慌問題などに取り組むという実践活動の中から自らの経済学的思考法を磨き上げてきたことを強調している。ケインズ初心者にはややハードルが高いが、わが国におけるケインズ学の水準の高さを知りたい人には必読の本だ。

著者の頭には、まだ現役の本として生きている六一年前のベストセラー、伊東光晴『ケインズ——〝新しい経済学〟の誕生』（岩波新書、一九六二年）の存在がつねにまとわりついたに違いない。そのプレッシャーを跳ね除けて書かれているのが貴重だ。

佐藤　文香　（社会学・ジェンダー研究）

1　平井和子『占領下の女性たち——日本と満洲の性暴力・性売買・「親密な交際」』岩波書店、二〇二三年

素晴らしいジェンダー史の成果が刊行された。前著『日本占領とジェンダー——米軍・売買春と日本女性たち』（有志舎、二〇一四年）で「成功した占領」の内実を問うた著者は、問題意識を深め、対象を広げ、男性たちのあいだでさまざまに取引された女性たちの声から歴史を書き直す。読者は、限られた資料も徹底した読解によってこんなにも生き生きとした歴史叙述を可能にすること、ジェンダー史とは歴史の補完にとどまることなく、従来の歴史が紡ぎ上げてきた出来事の見方を一八〇度変えるような営みであることを見せつけられることだろう。

2　小野寺拓也『野戦郵便から読み解く「ふつうのドイツ兵」——第二次世界大戦末期におけるイデオロギーと「主体性」』山川出版社、二〇二二年

二〇一二年に刊行された名著がハンディな一般書として刊行された。各章には問い、あとがきには刊行後の歩みが付され、教育的で楽しい読み物になっている。五〇〇〇〇通もの野戦郵便を史料とし「ふつうのドイツ兵」の心性に迫る手さばきは徹底した実証史家のものだが、著者はさまざまな点で正統派《オーソドクシー》を超える歴史家だ。話題になった田野大輔との共著『検証　ナチスは「良いこと」もしたのか？』（岩波ブックレット、二〇二三年）に感銘を受けた方にはこちらも是非。

3　ヘレン・プラックローズ、ジェームズ・リンゼイ『「社会正義」はいつも正しい——人種、ジェンダー、アイデンティティにまつわる捏造のすべて』山形浩生・森本正史訳、早

川書房、二〇二二年
リベラルを自認する著者たちが、すっかりリベラルでなくなってしまった「社会正義」運動の理論と思想の系譜を辿った書である。本書を読んで痛快に思うか不快感を抱くかそれ自体が、読者のスタンスをあぶり出す。グレッグ・ルキアノフ、ジョナサン・ハイト『傷つきやすいアメリカの大学生たち――大学と若者をダメにする「善意」と「誤った信念」の正体』（西川由紀子訳、草思社、二〇二二年）、カロリーヌ・フレスト『「傷つきました」戦争――超過敏世代のデスロード』（堀茂樹訳、中央公論新社、二〇二三年）等、類似テーマの訳書が続いたのは、本邦アカデミアにも同種の問題を感じとっている層が確実に存在する証左であろう。

4　デボラ・キャメロン『はじめてのフェミニズム』向井和美訳、ちくまプリマー新書、二〇二三年
フェミニズムの新書刊行が相次いでいる。本書は日本でも定評あるフェミニズム言語学者による入門書。七つの論点からフェミニズムを安易なストーリーに単純化することなく紹介するため、導入の書としては難易度が高めだが誠実な本である。著者自身の学びの興奮に溢れた山口真由『世界一やさしいフェミニズム入門――早わかり200年史』（幻冬舎新書、二〇二三年）と併読もよし。

5　江原由美子『持続するフェミニズムのために――グローバリゼーションと「第二の近代」を生き抜く理論へ』有斐閣、二〇二二年
フェミニズム理論を牽引してきた著者の久々の理論書。フェミニズムは「ネオリベラリズムの侍女」になりさがったとするナンシー・フレイザーに批判を加えた第四章は白眉である。「人の心をつかむよくできたストーリー」を一貫して疑ってきた著者ならではの仕事だ。

坂内　徳明　（ロシア民俗学史）

1　ラーザ・ラザーレヴィチ『ドイツの歌姫　他五篇』栗原成郎訳、幻戯書房、二〇二三年
練達の翻訳文を通して小説を読む魅力に浸ることができ、セルビア・リアリズム文学の迫力に驚嘆した。本作り（年表、帯文）にも感服。

2　B・A・ラーリン『文献学的遺産』サンクト・ペテルブルグ大学出版、二〇〇三年
スラヴ・バルト諸語を中心として印欧言語学を基礎に、一六―一七世紀の外国人によるロシア語記述（文法ならびに単語）、中世ロシア文学から二〇世紀前半のロシア文学、一九二〇年代の都市言語（口語、俗語）・社会言語・方言という多様な言語世界と格闘した（共通するのは「生きた言葉」に

対するアクチュアルな関心である）文字通りストラテジスト＝言語学者（一八九三―一九六四年）の仕事の集大成である（九四八頁、三〇〇部）。歴史言語学と一般言語学の関係性、フィロロジイの将来、民俗学者プロップとアザドフスキイらが生きたレニングラード・ペテルブルク人文学の精神史的風土等、多くのことを考えさせられた。

3 『プーシキン時代ペテルブルグの習俗――百科事典の試み』サンクト・ペテルブルグ、イワン・リムバフ出版社、二〇一一年

一七六語のキーワードを選び、解説文を付した情報便覧に見えるが、革命前の帝都文化史・プーシキン学・都市史研究、フォルマリストの文学・習俗史研究、そしてユーリ・ロートマンとソヴィエト期のテキスト研究の三者が統合された豊穣な仕事。

4 鶴見和子『好奇心と日本人――多重構造社会の理論』講談社現代新書、一九七二年（復刊藤原書店、二〇二〇年）

「好奇心」をテーマとする英語、ロシア語文献を読む作業の中で再読した。多少の時代性を感じ、議論の方向性には異論も覚えたが、どこまでもテクニカル・タームになりえないこの言葉のあやうさと可能性に期待したい。

5 石井正己『震災を語り継ぐ――関東大震災の記録と東日本大震災の記憶』三弥井書店、二〇二三年

東北ならびに東京の現在と過去の被災地を往来し、各種の証言（古老や語り手だけでなく、小学生から一高生、文学者まで）を掘り起こしてきた著者の講演録。被災者支援と民俗学のあり方を問い続け、民俗学の限界を指摘する言葉は重く響いた。

岡崎 宏樹（社会学）

1 鵜野祐介『うたとかたりの人間学――いのちのバトン』青土社

「人は何故うたをうたい、物語をかたるのか」。昔話や民話の伝承、戦争と替え唄、アイヌの文化、手話語り、災厄の〈語り‐聴き〉をめぐり、古典資料研究はもとより、日本各地、英国スコットランド、韓国や中国他、多彩なフィールドでの取材を展開。うたや物語に託されたコスモロジーを考究し、語り手と聞き手との、世代間の、異文化間の、人間と自然界との、この世とあの世との、あわいに流れる〈いのち〉の「声」に耳を澄ます。

2 今井むつみ・秋田喜美『言語の本質――ことばはどう生まれ、進化したか』中公新書

言葉と生命のテーマつながりで、オノマトペに注目して議論を始める本書にひかれた。オノマトペに親しむことで言語

の身体性を享受した子供は、次に抽象的言語の壮大な体系の中に入ってゆく。人間に特有の「仮説形成推論（アブダクション）」が言語習得と進化の鍵を握る。著者たちのこのアブダクション推論を裏づけるいくつかの実験も興味深かった。発達心理学と言語学のコラボ。

3　森千香子『ブルックリン化する世界――ジェントリフィケーションを問いなおす』東京大学出版会

世界中の都市で進行するジェントリフィケーション。それを賛成派と反対派の分断の契機としてではなく、まちの課題を語り合い、学び合う契機として捉え返すとき、差異は結合の、分割は共有の起点となる。日本の現実を理解するための示唆に富んだ力作。

4　太田出『北支宣撫官――日中戦争の残響』えにし書房

宣撫官とは、中国の占領地で民衆の人心安定のために食糧の配布など懐柔を任務とした旧日本軍の嘱託のことである。彼らは「人道的行為」の実践者だったのか、それとも「侵略主義の尖兵」に過ぎなかったのか。著者は宣撫官たちの人生をドキュメンタリーの手法で描き、「グレーゾーン」の生に光を当てる。その反射光が私たちを照らし出す。

倉田　徹

（現代香港政治）

今回は五冊とも新刊を紹介する。川辺純子『香港日本人商工会議所の研究（１９４５～２０１９年）――自由経済から一国二制度への対応』（文眞堂）は、戦後現在に到るまでの同会議所の歴史の謹厳な研究。敗戦後、英領香港との関係を少しずつ回復させ、ビジネスマンが戻ってゆく過程を通じて、日本と香港の経済史を描く。

若林正丈『台湾の半世紀――民主化と台湾化の現場』（筑摩選書）では、台湾民主化の半世紀が、台湾研究の泰斗の半生記として語られて行く。戒厳令体制下での緊張感ある台湾の人々とのやりとりが、私にはむしろ香港の現在とのパラレルで読めてしまう。

この二冊から、中国や香港の将来について、楽観論と悲観論が交錯してきた様子がよく分かる。若林は返還後香港が中国に「再植民地化」されると疑った。しかし、その議論に対しては、経済を重視する中国は「一国二制度」を守るはずとする反論を受けたと記す。川辺の研究から浮かび上がるのは、一九八九年の天安門事件発生後も、「改革・開放」や「一国二制度」について、在香港の日本経済界においては総じて楽観的な見通しがされていた事実である。

中国がさらに巨大化する一方、その将来がさらに不透明に見える現在、こうした議論は重要性を増している。しかし、大国の軍事衝突の時代だからといって、強力な国家やその指導者だけに焦点をあてるだけで、中国が理解できるとは思えない。兪敏浩編著『中国のリアル――人々は何を悩み、何を追い求めているのか』（晃洋書房）が、中国社会の丁寧な研究を通じて示すのは、中国政府の行動も、人々の夢や悩みの上に存在しているという、当然でありながら、所謂「リアリスト」の議論では見落とされがちな事実である。

　二〇二三年も私は香港には行けなかったが、フィクションの世界に懐かしい香港の香りを楽しんだ。長浦京『アンダードッグス』（角川文庫、単行本二〇二〇年）は、返還後の香港を舞台にしたスパイ小説。月村了衛『香港警察東京分室』（小学館）は、二〇一九年の抗議活動後の香港と東京をつないだ警察小説。敵か、味方かという緊張感と銃撃戦のスピード感の描写に、香港の活気がにじんでいる。

斎藤　真理子

（韓国語翻訳者）

1　黒川創『「日本語」の文学が生まれた場所――極東20世紀の交差点』図書出版みぎわ

『〈外地〉の日本語文学選』（新宿書房、一九九六年）シリーズと『鷗外と漱石のあいだで――日本語の文学が生まれる場所』（河出書房新社、二〇一五年）とが合体してさらに見晴らしが良く、多くの刺激を受けた。「『日本人』であるかどうかは、『日本語』の文学にとっての要件ではない」という当たり前の指摘が改めて響く。

2　高秉權『黙々――聞かれなかった声とともに歩く哲学』影本剛訳、明石書店

　学ぶことが多く、特に第四部「この運命と踊ることができるか」に打たれた。著者は在野の哲学者で、就学の機会の場を奪われた障害者たちの学びの場「ノドゥル障害者夜学」に深く関わる人。端正で、隅々まで光射すような訳文も立派だった。

3　キム・ソヨン『数学者の朝』（姜信子訳、クオン）もまた、訳の良さは言うまでもなく。冒頭の「陰」という作品は「桜は千の眼を吹雪のように開くわね／瞳もなければ／瞼もないの」と始まる。のっけからふるいつきたくなり、その情動が続く詩集だった。

4　クレール・オペール『シューベルトの手当て』（鳥取絹子訳、アルテスパブリッシング）には静かな驚きが溢れていた。自閉症の若者、認知症の高齢者、終末期の患者たちにチェロの音色がなしえたことは何か。音楽家である著者が「看護をする」方向へ衝《つ》き動かされたのは、「自然で本能的なもの、野生に動かされた」からという一文が残った。

二〇二三年は関東大震災百周年。5　江馬修『羊の怒る時——関東大震災の三日間』（ちくま文庫）。いまだに日本は虐殺事件に対して責任を認めず、都知事は朝鮮人犠牲者の追悼式典に追悼文を送らなかった。百年前の東京とガザはつながっている。羊の怒る時とは今であり、ずっと今が続いている、ということだと思う。

年末に読了した小山さんノートワークショップ編『小山さんノート』（エトセトラブックス）は「小山さん」と呼ばれたホームレスの女性が遺した日記。自分の世界を言葉で書きとめ、その言葉に乗って生き延びるという営為の貴重さ稀有さ。この三〇年ほどの日本を振り返らせてくれる本でもあった。

朽木 祥

（児童文学）

今だからこそ、平和な未来を迎えるために伝えたい「言葉」がある。

1　マックス・ピカート『われわれ自身のなかのヒトラー』佐野利勝訳、みすず書房、一九六五年

一九四六年、ピカートは警告している。「ヒトラー現象」を過去のものとしてしまい自らを映す鏡としないならば、その先に待つのは人類の破滅であると。

2　鶴見俊輔『戦時期日本の精神史——1931〜1945年』岩波現代文庫、二〇〇一年

全体主義に取り込まれて「窒息」し言葉を奪われていた戦時期。鶴見俊輔は吉田満少尉の証言を引く——戦艦大和が最後の航海に入って日本の岸を離れるやいなや、それまで士官たちを窒息させていた言論上の統制は取れてしまったと。この出撃が敵に対して「何らの打撃も与えないこと」「われわれの目的はこのような行動の無意味であることを実証することであり、このためにわれわれは死ぬのだということ」だと大尉が語ったと。

3　サラ・コフマン『窒息した言葉』大西雅一郎訳、未知谷、一九九五年

全体主義が敗北した後も、また別の意味で我々は言葉を失ってしまう。しかし、コフマンは言う。「アウシュビッツ以後、もはや可能な物語は存在しないとしても、話せなかった人々のために＝代わりに話すこと、際限なく話すことが何としてでも求められている」と。

4　クラウス・コルドン『エーリッヒ・ケストナー——こわれた時代』ガンツェンミュラー文子訳、偕成社、二〇二二年

全体主義政権下、ケストナーは焚書の憂き目に遭いながら故国を離れず生き抜いた。ナチに殺害されたレジスタンス闘士たちへの追悼集会で、未来を信じる人は青少年を信じ、青

少年を信じる人は教育を信じると述べ、「教育を信じる人は「模範」の意味と価値を信じます」と結んだ。

5　S・ブルッフフェルド、P・A・レヴィーン、中村綾乃『語り伝えよ、子どもたちに――ホロコーストを知る』高田ゆみ子訳、みすず書房、二〇〇二年

記憶の義務。警戒の義務。過去の負の記憶を伝えることは、未来に同じことが起こらないよう警戒することと同義である。心の自由まで縛る愚かな思想に、どうか二度と再び巻き込まれずにすみますように。

宇野 邦一（フランス文学）

1　市川沙央『ハンチバック』文藝春秋、二〇二三年

「私の身体は生きるために壊れてきた」。有機的生を冷徹に見つめる言葉が鋭い。これを〈非有機的生〉の表現として読んだ。

2　ルイ゠フェルディナン・セリーヌ『戦争』森澤友一朗訳、幻戯書房、二〇二三年

近年に発見されたセリーヌの遺稿で『夜の果てへの旅』（生田耕作訳、中公文庫、二〇二一年）に続くはずだった。戦争の裏舞台を赤裸々に描く小説。俗語のひしめく文体の翻訳は容易ではない。これを平明な日本語に訳したのは文学研究ではなく演劇界の人。適確な訳者解題がついており、遺稿発見のエピソードから最近の受容史まで展望を与えられた。

3　フレデリック・ヴィトゥー『セリーヌ伝』権寧訳、水声社、一九九七年

『戦争』（森澤友一朗、幻戯書房、二〇二三年）とあわせて読んでセリーヌの「数奇」ともいえる生涯をたどった。二段組み七〇〇頁の大冊で、戦争、植民地、国際連盟の体験、戦中からのドイツ、デンマークへの逃亡の旅は、セリーヌを主人公にしなければ見えてこない現代史でもある。セリーヌの反ユダヤ主義についての丁寧な考察にもひかれた。

4　フランツ・ファノン『革命の社会学 新装版』宮ヶ谷徳三・花輪莞爾・海老坂武訳、みすず書房、二〇〇八年

精神科医でもあったファノンの抵抗の思想は、植民地の人類学、精神医学でもあり、今ファノンを再読することの意味を思い知らされる。戦争のさなかにアルジェリアの女性たちがどうふるまったか、精神科医として彼がどんな症例に直面したかの周到な記述に注目した。

5　モアメド・ムブガル・サール『人類の深奥に秘められた記憶』野崎歓訳、集英社、二〇二三年

めまぐるしく交替する話者たちの巧みな編成でひきつける。「黒いランボー」と称され失踪した作家の話からはじまる。実在したその作家の『暴力の義務』という謎の本は座右にあ

ってまだ開かぬまま。

松本　潤一郎

（フランス文学・思想）

アラン・バディウの研究を続ける過程で、あらためてゲーデルの不完全性定理について理解を深めたいと考え、クルト・ゲーデル『不完全性定理』（林晋・八杉満利子訳・解説、岩波文庫、二〇〇六年）にとりくんだ。訳者の詳細な解説により、同定理の実相がよくわかる。野崎昭弘『不完全性定理――数学的体系のあゆみ』（ちくま学芸文庫、二〇〇六年）は同定理のポイントをわかりやすく解説しており、役に立った。自然数の特性を表現する（論理式を含む）記号列を自然数へと暗号化することで、記号列そのものの特性を示す論理式を作るというアイディアによって、表現するものを表現されるものへ折り込んで自己言及文を構成するゲーデルの力業に驚嘆することができた。W・V・クワイン『哲学事典――AからZの定義集』（吉田夏彦・野崎昭弘訳、ちくま学芸文庫、二〇〇七年）にも「ゲーデルの定理」の項目があり、クワインは同定理の証明を二つの部分に分け、組み合わせると爆発する仕掛けの爆弾に喩えて巧みに説明している。A・W・ムーア『無限――その哲学と数学』（石村多門訳、講談社学術文庫、二〇一二年）では自己言及文について、〈私たちに先回りしている〉と形容する。私たちが証明しようとしている当の事柄自体がすでに記されている。言葉に含まれるこうした過剰が、形而上学の存立と関連しているかもしれないなどと考えさせられた。浅沼光樹『ポスト・ヒューマニティーズへの百年――絶滅の場所』（青土社、二〇二一年）に、形而上学の未来の一つが指し示されている気がする。なお森毅『無限集合』（共立出版、一九七六年）は対角線論法にかかわる諸論点を集約的に表現する Lawvere の不動点定理を簡潔に紹介しており、くり返し参照している。最後にバーバラ・アイゼンバーグ『フランク・ゲーリー　建築の話をしよう』（岡本由香子訳、エクスナレッジ、二〇一五年）は、独創的な建築家の人柄と思考が率直に示されており、なぜか心が暖まった。二〇二三年刊行の書物には言及できなかったが、出版業の灯が、今後も私たちを照らし続けてくださいますように。

宮地　尚子

（精神医学）

1　ジョアン・ハリファックス『Compassion――状況にのみこまれずに、本当に必要な変容を導く、「共にいる」力』一般社団法人マインドフルリーダーシップインスティテュート監訳、海野桂訳、英治出版、二〇二〇年時間の余裕のなさと、数の多さが他者へのコンパッションを妨げるという。まさに今の時代だ。秋に来日した著者のワークショップに参加したが、その佇まいにも感動した。共感疲労をどう防ぐかに苦労しているので、個人的にもとても役に立った。

2 斎藤真理子『韓国文学の中心にあるもの』イースト・プレス、二〇二二年

「激動の歴史」とか、「歴史に翻弄される」といっても薄っぺらく聞こえるが、その奥行きにしっかりと手が届いた本。歴史的な事実は知っていても、それらが個々の人生をどれだけ大きく変えるのか、私たちはあまりにも想像力が足りない。この本を読んでそう強く思う。

3 中村佑子『わたしが誰かわからない――ヤングケアラーを探す旅』医学書院、二〇二三年

ヤングケアラーは自分を当事者として捉えづらいという記述に納得。語りが固定化されることへの躊躇。書けないことの多さ、そこに含まれている悲しみや苦しみ、そして豊かさにも共感する。

4 石岡丈昇『タイミングの社会学――ディテールを書くエスノグラフィー』青土社、二〇二三年

誰のペースやタイミングで物事が決まっていくのか。誰が急かされ、誰が待たされ続けるのか。立ち退きを迫られる人たちに寄り添いながら、時間をめぐる権力性を鮮やかに描いている。時間はけっして人間みんなに平等に与えられてはいない。

5 大島岳『HIVとともに生きる――傷つきとレジリエンスのライフヒストリー研究』青弓社、二〇二三年

差別や偏見の強いテーマについて書こうとすると、ポリティカリー・コレクトになってしまいがちだが、著者自身がフィールドを熟知していることもあり、混乱や逸脱も含め、厚い記述になっている。文章も生き生きとしていて読みやすい。

おまけ 二宮敦人『最後の秘境　東京藝大――天才たちのカオスな日常』新潮文庫、二〇一九年

登場人物みんな味わい深いけど、著者の妻が子どもの時、ルーヴル美術館の「サモトラケのニケ」の前で五時間以上立ち尽くしていたというエピソードが大好き。ずっと待っていたご家族、すてきです。

酒井　哲哉

（日本政治史）

1 森政稔『アナーキズム――政治思想史的考察』作品社

著者の研究の出発点となるゴドウィン論以降長年にわたるアナーキズム研究を纏めた待望の論文集。個々の思想家の内在的理解と理論的射程の分析双方が絶妙なバランスで描かれ

ており、改めて政治思想史研究はやはりこうでなくてはと思わされた。

2　歴史学研究会編、加藤陽子責任編集『「戦前歴史学」のアリーナ――歴史家たちの一九三〇年代』東京大学出版会

歴史学研究会創立九〇周年記念論集。戦後の歴研像を戦前に遡及するのではなく、一九三〇年代史の文脈に内在した理解になっている点が興味深い。平泉澄と歴研会員の「皇国史観」の異同を論じた昆野伸幸論文や、「左翼外交史学」の曙光を扱った前田亮介論文など刺激的な論考が並んでいる。

3　日ソ戦争史研究会編『日ソ戦争史の研究』勉誠出版

近年盛んになりつつある太平洋戦争末期の日ソ戦争史研究の集大成とも呼ぶべき論集。私がかつて奉職していた北海道大学を拠点として、このような浩瀚な日ソ戦争の共同研究が刊行されたのは嬉しかった。政治史・外交史だけではなく、地域史・社会史まで目配りの利いた構成に戦争史研究の現在を感じる。

4　五十嵐元道『戦争とデータ――死者はいかに数値となったか』中公選書

戦争は現在でも世界各地で繰り広げられてはいるが、その姿形を直接確かめることは少なく、二次的なデータを介して多くの人びとは戦争に接している。こうした一見自明と思える地点から出発し、戦争の歴史的位相を克明に位置づけていく着眼の良さに感服した。

5　神谷光信『村松剛――保守派の昭和精神史』法政大学出版局

今日では顧みられることの少ない保守派論客の軌跡を描いた労作。あまり知られていない左派だった青年時代の活動も含めて、村松の基底的関心が活写されている。保守派から見た昭和精神史として貴重な試みだと思う。

飯田　隆　（哲学）

1　Joseph Almog and Paolo Leonardi eds., *Having in Mind: The Philosophy of Keith Donnellan*, Oxford University Press, 2012

二〇二二年にクリプキが亡くなったが、そのクリプキに先立って一九七〇年前後の「新しい指示論」の先駆けとなったドネランの仕事の回顧と評価から成るのが、この論文集である。三〇年近く前に出した私自身の本の改訂にあたって改めて通読したのだが、むかし知らなかったり見落としていたりしたことに気付かされるとともに、まだ最近のことだと思っていたのが半世紀以上も前であることに愕然とした。

2　Louis Menand, *The Free World: Art and Thought in the Cold War*, Farrar Straus & Giroux, 2021

この著者は私より四つ下なので、私とほぼ同時代を生きて

きたといえよう。したがって、それを経験したのが、日本でなのかアメリカでなのかというちがいはあるが、登場する事件や人物はどれもなつかしい。もちろん、なつかしがっているだけではだめなのだろうが、何よりもそういう気持ちにさせる読書だった。

3　板垣千佳子編『ラドゥ・ルプーは語らない。——沈黙のピアニストをたどる20の素描』アルテスパブリッシング、二〇二一年

ルプーは、ルーマニア出身のピアニストで、三〇年前に録音を拒んでもっぱらコンサートでしか演奏しなかったことでも有名である。かれを知るさまざまなひとから寄せられた文章とインタビューの記録から成るのがこの本である。この本に出会ったのはほとんど偶然なのだが、細かなところまで行き届いて作られた本であることに感心した。

永江　朗

（フリーライター）

衝撃を受けた本から。1　ガブリエル・ブレア『射精責任』（村井理子訳、太田出版、二〇二三年）、2　市川沙央『ハンチバック』（文藝春秋、二〇二三年）、3　栗田路子他『夫婦別姓——家族と多様性の各国事情』（ちくま新書、二〇二一年）、4　津村記久子『水車小屋のネネ』（毎日新聞出版、二〇二三年）、5　週刊朝日編『春も秋も本!』『ベッドでも本!』『本が待ってる!』（朝日新聞社、一九九三年）

1　望まない妊娠・出産の責任は男性にあるにもかかわらず、不利益を被るのはもっぱら女性という不条理を鋭く突く。妊娠を望まないのに避妊しない男は人でなしの大バカ者だ。すべての学校図書館に置いてほしい。

2　障害者は清く正しく美しくあるべきだ、という無意識な決めつけに私たちは捉えられているのではないか。出版とその流通に隠された健常者優位主義を激しく糾弾している点にも衝撃を受けた。もう「本はやっぱり紙がいいね」なんてしたり顔で言うことは許されない。読書バリアフリー法が成立・施行されたのは二〇一九年。いまだに電子書籍版の刊行に消極的な出版社が多いことに憤りを感じる。みすず書房もただちに全点を電子書籍化すべし!

3　日本は夫婦同姓を強制する珍奇な国。別姓を選択すると家族の絆が失われるなどと右派の人びとはいうけれども、他国ではどうなのか。英仏独ベルギー米中韓の七カ国の過去と現在を紹介する。英国の柔軟さにびっくり。日本もはやく別姓選択制導入を。

4　困っている人に手を差し伸べる緩やかな関係を描いた長編小説。自分の生活を犠牲にしてでもというのではなく、できる範囲で親切にするというところがいい。親切にされた人

は、やがて自分も親切にする。ヨウム（賢いオウムの一種）のネネが要所要所で大活躍する。

5　『週刊朝日』書評欄一九五一年から九一年までの傑作選全三巻。同誌休刊に際し斎藤美奈子さんと対談するために資料として読んだ。週刊誌黄金時代の熱気を感じるとともに、書評という行為の可能性を再発見する。最近はおとなしい書評が多すぎる、と自戒を込めて。

新城　郁夫

（日本／沖縄文学）

ガザでの虐殺の報に毎日ふれて、これが戦争であるはずがない、と思い返す。植民地主義そして帝国主義の凄惨さが今なお繰り返される一年、沖縄にあって次の本たちが、よすがとなった。

1　森啓輔『沖縄山原／統治と抵抗――戦後北部東海岸をめぐる軍政・開発・社会運動』ナカニシヤ出版、二〇二三年

沖縄近現代史研究の水準の高まりを具現する必読の一冊。「沖縄の北部の東海岸」と言われて、「そこ」を思い起こせる人は沖縄でさえ多くない。辺野古新基地での闘いとともに継続する東村へリパッド建設阻止の運動に深く参加してきた森の筆致は、沖縄の「南」として切り崩されてきた「北部」をめぐるアメリカ軍政と開発経済との結託が、複合植民地構造下のエンクロージャーにみられる統治を制作していく過程を、見事に歴史化していく。しかも、この統治に対する反操行たる住人の抵抗運動が、生活の新たな様式化や環境との共生を求めながら、いかに豊かな社会的表現を作り出してきたかが、精緻に検証されていて見事。そこで生起してきた動きが、アートに他ならぬことを、深く教えられた。関連して、ほぼ同世代といってよい書き手二人による次の二冊も、戦後沖縄を、労働や生政治の運動の軌跡として描きだし、示唆にあふれていた。古波藏契『ポスト島ぐるみの沖縄戦後史』（有志舎、二〇二三年）、ウェンディ・マツムラ『生きた労働への闘い――沖縄共同体の限界を問う』（増渕あさ子・古波藏契・森亜紀子訳、法政大学出版局、二〇二三年）。

2　沖縄青年同盟資料集刊行委員会編『沖縄青年同盟資料集――「復帰」に抗した〈在日〉沖縄青年運動』Ryukyu企画（琉球館）、二〇二三年

この二〇年ほどの間の沖縄の言論を見る限り、起きているのは保守反動化であり、いっけん抵抗派のような動きの内部から噴き出す排外主義的民族主義の垂れ流しである。一貫しているのは、民衆運動と左翼への忌避といえる。沖縄を外からみたイメージと逆と思われるかもしれないが、沖縄内部ではルーツに安々とアイデンティファイする言動の反乱が続いている。しかも、この流れには、資本主義や国家や軍を批判

する契機はほとんど見られないばかりか、ネオリベラリズムと深く親和している。そうした閉塞のなかに現れた本書には、戦後沖縄における（新）左翼そしてポスト・セクトの運動が抱え込んだ矛盾や葛藤が、実に生き生きと再現されている。アジアあるいは世界へ向けて沖縄自身が反復し実践している植民地主義的暴力を剔抉しつつ、国家や民族とも異なる共同生を模索しあがく「沖縄青年同盟」の闘いは、今こそ新鮮である。

3　佐藤泉『死政治の精神史――「聞き書き」と抵抗の文学』青土社、二〇二三年

沖縄戦後史の研究に実に大きな実りをもたらした亡き屋嘉比収氏が、「聴く」ことの重要性を聞き手の側の「自己崩壊」に見ていたことを、時折思い出す。そして、佐藤のこの新著を読みながら、痛感していたのも、そのことであった。聞くことくらい辛く大切なことはなく、聞いてしまったと気づいたときには、自己の組み換えは余儀ないものとされる。聞くとは、手遅れを生きることであり、この手遅れを手ばなさないとする覚悟が、死の政治を退ける。真摯に抵抗を語りなおすことが、文学（研究）の責務であり可能性であるという点に、引き戻してくれる貴重な一冊。

4　エドワード・W・サイード『晩年のスタイル』大橋洋一訳、岩波書店、二〇〇七年

思い立ってサイードの著作をその初期から編年的に読み返していたさなかにガザでの出来事が起こり、心身にこたえた。そこに人が生きていること、その人々の歴史と文化があること、それらを破壊していく暴力が歴史的に構造化されていること。サイードは、この構造を小説というスタイルのなかに見出していった。だから、小説を読むことは苦痛でありながら、手放すわけにはいかない喜悦であった。音楽も同じである。晩年とは、解決を拒むこと、そして、対立と協調とを同時に求める矛盾に自分を投げ込むことであると、サイードはくり返し語り続けた。その試みは、『オリエンタリズム』（板垣雄三・杉田英明監修、今沢紀子訳、平凡社、一九八六年、原著一九七八年）や『文化と帝国主義』（全二巻、大橋洋一訳、みすず書房、一九九八年―二〇〇一年、原著一九九三年）において、すでに豊かにテキストのあちこちで響いている。まさに「フーガの技法」である。今パレスチナにいる人たちは、あの惨禍と虐殺のなかで何を聞き、何を感じ、何を愛し、何を願って、生き延びようとしているか。いたたまれない。

5　坂元ひろ子『中国近代の思想文化史』岩波新書、二〇一六年

坂元さんの突然の訃報を聞いて、声を失ってしまった。この数年直接お会いする機会が少なくなっていたが、それでも

語り合う場を共有できていたし、じきお会いできるとばかり思っていた。闘いに参加されたあと那覇でかけがえのない友人たちとともに坂元さんを囲んで過ごしたのが、昨日のことのように思える。亡くなったと知らされた日に、久しぶりに本書を手にして思ったのは、中国を、中国の近代を、そこに生きた人々の思想と身体においてつかみ取り、そして敬愛するという一事である。その一事くらい大切なものは今ないが、その今、坂元ひろ子さんその人がいないということが、とても寂しい。

（イギリス史）

草光 俊雄

二〇二三年は安岡章太郎が亡くなって一〇年になるが、岩波文庫で持田叙子編『安岡章太郎短篇集』が出版されたのをきっかけに『海辺の光景』（新潮文庫、一九六五年）、『鏡川』（新潮社、二〇〇〇年）、『流離譚』（新潮文庫、一九八六年）など初期から晩年の物語まで読み、安岡章太郎が家族と家族の歴史を追跡しながら作家として文学的成熟を成し遂げていったことに惹かれた。没後ということでは映画監督の小津安二郎が生誕一二〇年没後六〇年ということで、映画もいろいろ見たが、蓮實重彥『監督 小津安二郎 増補決定版』（ちくま学芸文庫、二〇一六年）を読み、「否定する」「食べる」「着替える」等々なんでもないような映像に現れるものをテクストとして分析していく手法にびっくりするような映画の見方を教えられ（蓮實先生の『ジョン・フォード論』文藝春秋、二〇二二年、も面白かった。「馬」「白いエプロン」「投げる」などのキーワードなしにフォードの映画は見られなくなると思った）、他にも吉田喜重『小津安二郎の反映画』（岩波書店、一九九八年）、平山周吉『小津安二郎』（新潮社、二〇二三年）、黒田博『私映画――小津安二郎の昭和』（港の人、二〇二一年）など小津の世界の豊饒さを改めて知り、彼の映画の魅力がいや深まることになった。特に平山の小津論は小津の映画の隠れたテーマとして中国戦線で戦病死した山中貞雄へのオマージュがあることを指摘しており、興味深かった。二〇二三年はまた小林秀雄没後四〇年でもあり、『本居宣長』（新潮社、一九七七年）や『無常といふ事』（新潮社版全集第八巻、一九六七年）、『考へるヒント』（同第一二巻、一九七九年）など読み返す機会があり、小林の日本思想への含蓄を学び直した。さらに苅部直『小林秀雄の謎を解く――『考へるヒント』の精神史』（新潮選書、二〇二三年）で小林の精神史の流れを教えられ、新保祐司『ブラームス・ヴァリエーション』（藤原書店、二〇二三年）では小林とブラームスとの親和性について、彼が『本居宣長』を執筆していたときにブラームスを聴いていたと知り意外な結びつきに驚いた。

イーヴリン・ウォーの傑作三部作『誉れの剣』が『無条件降伏』（小山太一訳、白水社、二〇二三年）の出版で完結した。小山太一さんの翻訳が優れていて戦争に翻弄される主人公の人生が身につまされた。翻訳をもう一冊。ロジェ・グルニエ『長い物語のためのいくつかの短いお話』（白水社、二〇二三年）は宮下志朗さんの翻訳。グルニエの宮下訳はたくさんあるが、本書はこれまで静謐な作家だと思っていたのに、捻りを利かしたほろ苦いちょっと残酷な結末のある短編とか、著者の別の面を知って興味深かった。宮下さんはまた『ヴィヨン全詩集』（国書刊行会、二〇二三年）という大著の翻訳もあり、ラブレー、モンテーニュときてヴィヨンとかつての東大仏文の大先生たちの仕事を一人でやり遂げたことになり、頭が下がる。

佐谷眞木人『江戸の花道――西鶴・芭蕉・近松と読む軍記物語』（慶應義塾大学出版会、二〇二三年）は軍記物が能・謡曲、古浄瑠璃、浄瑠璃・歌舞伎、さらに俳諧まで、一つの物語が中世から近世へと形を変えていく過程を丹念に描いており、それが江戸時代の政治的・文化的な枠組みによって新たに意味が創造されていくことなどを知らされた。そして渡辺保『吉右衛門――「現代」を生きた歌舞伎役者』（慶應義塾大学出版会、二〇二三年）は、吉右衛門を生前から最も高く評価していた渡辺先生がまるで吉右衛門がそこにいるかのような生き生きとした舞台の様子を再現するなかで、「型が身体化されている」という指摘とともに彼の「ハラ芸」を語りながら、不世出の役者についての見事な評伝になっていたと思う。

以上日本語の本の一部を紹介したが、英文で書かれたものではやや古い作品ではあるが、Elizabeth Von Arnim, *The Enchanted April*, Vintage Classics, 1922, 2015 と Sylvia Townsend Warner, *Winter in the Air and Other Stories*, Faber & Faber, 1938-1955, 2023 のうち前者は戦間期に書かれたとは思えないモダーンな小説で、リビエラの古い城に休暇でやってきたイギリス人女性四人が生み出す騒ぎが面白い。後者は気の利いたセリフと駆使されるトリック、皮肉を込めた人物描写が巧みで人の内面を切り取る手腕に感心した。また二〇二三年にはアイルランド作家、それも女性のものをいくつか読んだが、Louise Kennedy, *Trespasses*, Bloomsbury Publishing, 2022, 2023 は一九七〇年代の the Troubles と呼ばれたプロテスタントとカトリックとの抗争を時代背景に、その狭間で異なる宗教の男女が愛し合い片方が殺害される痛ましい物語を淡々とした筆致で描いており引き込まれた。もう一人のアイルランド作家 Claire Keegan の作品はそれほど長いものではないが、文章が実に静謐で、自然を感じさせる描写が好ましい。三作品読んだが初期の *Foster*, Faber & Faber, 2010, 2022 は、母親の妊娠の際に実の両親とは別の男女に預けられた女の子の心の動きを丁寧に描いており、また *Small Things Like These*, Faber & Faber, 2021 は裕福な未亡人に育てられ石炭などの燃料販売事業を営む主人公が、ふとしたきっかけで、修道院で働く洗濯娘の窮状を救う、という話で彼の心の動きがこれも不思議なほど静かに語られている。彼女の最新作 *So Late in the Day*, Faber & Faber, 2023 は一風変わっていて、自己中心主義的な女性嫌悪の傾向がありそうな主人公とある女性との関係を彼の独白として描いているのだが、彼の内面世界には共感しにくい内容だった。

毎年読む近世に関するものでは、以前にも紹介した Robert Harris, *Act of Oblivion*, Penguin, 2022, 2023 は文章がスムースでプロットの作り方も巧みである。イングランド内乱でチャールズ一世の処刑を支持したいわゆる Regicide（国王殺し）としてアメリカのニューイングランドにまで逃亡した男たちとそれを追う枢密院から派遣された男とのサスペンスで、彼らと他の登場人物たちとの交流と追跡劇の展開に目が離せなかった。さらに James Shapiro, *1599: A Year in the Life of William Shakespeare*, Faber & Faber, 2005 はアイルランドとの戦争に苦しむイングランドを背景に、『ヘンリー五世』『お気に召すまま』『ジュリアス・シーザー』『ハムレット』などのシェイクスピアの傑作が多く生まれた一五九九年に的を絞り戦争や時代が作家の作品にどう表れているかを丹念に調べ上げていった労作であり、その徹底した調査に感銘を受けた。

さて二〇二三年の最大の収穫を二冊あげる。Sarah Ogilvie, *The Dictionary People: The unsung heroes who created the Oxford English Dictionary*, Chatto & Windus, 2023 はタイトルから分かる通り編集責任者マレイを助け、ＯＥＤの作成のために単語やそれが置かれていた文章を送り続けた何千といた協力者を追跡したもので、オックスフォードでＯＥＤ研究によって博士号を取った最適の著者が、じつに様々なバックグラウンドの助力者たちを見つけ出し、いってみれば今まで知られていなかった彼らについてのエピソードの数々を救い出す話で、優れた辞書の制作にはかかる物語がごまんとあるのだと感動した。その面白さは読んでみないと分からない。もう一冊は Laura Freeman, *Ways of Life: Jim Ede and the Kettle's Yard Artists*, Jonathan Cape, 2023. ケトルズヤードはケンブリッジにある小さな美術館で、ジム・イードが集めた現代美術が実にチャーミングで、コレクターの趣味が反映されており、僕もケンブリッジにいた頃によく通ったところである。本書はジムと彼の美術家の友人たちとの交流を描きながら、稀有なコレクションが出来上がっていく様子が描かれている。僕の好きなデイヴィッド・ジョーンズとの実に親密な交流、ベン・ニコルソンと彼の前妻でやはり絵描きだったウィニフレッド、のちに彼の妻となった彫刻家のバーバラ・ヘップワース（のちに離婚）、さらに元漁師アルフレッド・ウォリスは七〇になって描き始めたが、ニコルソンやクリストファー・ウッドによって「発見」され、ジムは彼の作品を買い続けた話。またアンリ・ゴーディエ＝ブルゼスカなど絢爛たる芸術家たちとの密接な交流の群像劇を見事な筆致で再現していくフリーマンの力に感動した。

武藤　康史

（評論）

1　『柴田元幸翻訳叢書　アメリカン・マスターピース　準古典篇』スイッチ・パブリッシング

二〇二三年も柴田元幸の翻訳がたくさん出た。出るたび大騒ぎになっていいはずなのに、ものすごい勢いでどしどし出るので、人は驚くことを忘れている。柴田元幸責任編集の『モンキー』も毎号ほかの文藝誌が蒼ざめる強烈な誌面なのに……。

2　塚本邦雄『夏至遺文　トレドの葵』河出文庫

二〇二三年も塚本邦雄の小説が文庫になった。『塚本邦雄全歌集』（短歌研究文庫）も別巻の刊行が始まり、草稿まで読めるようになった。双方の出版を推進し、牽引する島内景二の膂力を仰ぎ見る。

3　瀬川昌久『ジャズで踊って――舶来音楽芸能史　完全版』草思社文庫

二〇二三年も高崎俊夫のかかわった本がいろいろ出た。本を編んだり（『むしろ幻想が明快なのである――虫明亜呂無レトロスペクティブ』ちくま文庫）、昔の本を増補して文庫にしたり（この本）……この何年かずっと八面六臂。こうして文学史、音楽史、映画史が塗り替えられてゆく。

4　太田和彦編『伝説のカルト映画館――大井武蔵野館の6392日』立東舎

半分以上を占めるのは「大井武蔵野館上映作品全記録」。こんな本が、ほかの映画館にも欲しかった。

5　北村紗衣『英語の路地裏――オアシスからクイーン、シェイクスピアまで歩く』アルク

自分で書いた英語の「長文」をもとに自分で作った入試問題を自分の本に入れて自分で解説するとは、なんだかすばらしい。

岡田　秀則

（映画）

1　ルイズ・ブルックス『ハリウッドのルル』宮本高晴訳、国書刊行会、二〇二三年

かつて大岡昇平の『ルイズ・ブルックスと「ルル」』（中央

公論社、一九八四年）の巻末に一部が邦訳された、女優ブルックスによる自叙的エッセイ集の全訳。衝撃的なほど自身への率直さに貫かれており、高峰秀子の名著になぞらえるならこれはアメリカ無声映画版の『わたしの渡世日記』だろう。ただ、高峰の最大の障壁が「家族」だったのに対し、ブルックスの場合はハリウッドと呼ばれる産業全体であったことが、その言葉をより壮絶なものにしている。

2 前川公美夫『大正期北海道映画史――付・道内新聞事情』亜璃西社、二〇二三年

日本映画史の研究では、ごく近年、映画館などをテーマとした地方映画史の掘り起こしが盛んだ。中でも本書は近年の決定的な成果で、ひたすら地方新聞の映画記事を採取し、記述を分析することで言わば「顕微鏡的」なヴィジョンを呈示してくる。残り四六都府県でもこうした試みがないものか。なお明治・大正期といえば、非劇場型の視覚文化を細密に掘り下げた福島可奈子『混淆する戦前の映像文化――幻燈・玩具映画・小型映画』（思文閣出版、二〇二二年）にも舌を巻いた。

3 伊藤彰彦『仁義なきヤクザ映画史』文藝春秋、二〇二三年

社会の埒外に置かれた人間どもの生き様がいかに映画史を豊饒にしてきたか。任俠映画ジャンルの盛衰だけでなく、国定忠治や清水次郎長といった歴史的アンチヒーローからポスト任俠時代の現代暴力団までの壮大なスパンを持ち、インタビュー先の練った選択にも唸らされる力作。

4 イーヴリン・ウォー『黒いいたずら』吉田健一訳、白水Uブックス、一九八四年（第二刷二〇二三年）

高校生の頃、青白カバーの「白水Uブックス」の一冊として『ライ麦畑でつかまえて』（野崎孝訳、一九八四年）などと仲良く書店に並んでいた本書だが、いつしか、まるでもともと無かったが如く忽然と消えた。やむなく初版を図書館に探したりもしたが、三九年の時を経て「第二刷」がしれっと現れた。あれは一体何だったのだろう。人種差別と指弾したい心も虚しいほどに、ここで描かれるアフリカの小国アザニアは哀しく、植民者どもはひとり残らず愚昧で、すこぶる面白かった。

江口 重幸

（精神医学）

1 石井正己編・解説『菅江真澄 図絵の旅』角川ソフィア文庫、二〇二三年

かつて簾内敬司著『菅江真澄 みちのく漂流』（岩波書店、二〇〇一年）を雑誌『みすず』の読書アンケートで挙げ、『菅江真澄遊覧記』（内田武志・宮本常一編訳、東洋文庫、一九六五―六八年）に掲載の地図を見ながら江戸時代末期の東

北を回遊したことがある。その後、内田武志『菅江真澄の旅と日記 新装版』（未來社、一九九一年）に触発され、さらにその後石井正己の『菅江真澄と内田武志——歩けぬ採訪者の探究』（勉誠出版、二〇一八年）へと読み進み、私の中の東北熱はいやがうえにも高揚した。本書は菅江の旅日記に記されたいくつもの絵図を、一〇〇余りの項目別に、全カラー版で再現した待望のもの。解説も面白くどのページも見入ってしまう。

2 Pierre Janet, *L'intelligence avant le langage*, Flammarion, 1936

ふりかえればこの数年間、まとまった読書時間をジャネとその関連の著作を読むことに費やしてきたように思う。昨年後半は、生前の刊行物としては最後にあたるこの『言語以前の知性』と翌年の『知性のはじまり』に取り組むことになった。以前から気になってはいたものの、病態心理学や精神医学という枠組みから次第に遠ざかりながら展開される、ジャネ晩年の縦横無尽の議論に日々刺激を受けたことになる。

3 Mikkel Borch-Jacobsen, *Freud's Patients: A Book of Lives*, Reaktion Books, 2021

フロイトの症例として記載された、三八名の「実像」を詳細に浮かび上がらせた著作である。この分野はエランベルジェや二〇二二年に亡くなったピーター・スウェイルズによって切り開かれた領域であり、後者のアンナ・フォン・リーベンをめぐる論考など、かつて夢中になって読んだ時期がある。本書ではフロイトの妻マルタ・ベルナイスの項などもあり、圧倒的に読ませる。ところでフロイトの著作の岩波文庫化が進んでいる。『日常生活の精神病理』（高田珠樹訳、二〇二二年）もその後の『精神分析入門講義』（高田珠樹・新宮一成・須藤訓任・道籏泰三訳、二〇二三年）も、付録も索引も充実した決定版という内容でありがたい。しかし読者は前者の「訳者解説」部を読むと驚くのではないか。そこでは先に記したスウェイルズの、かつて大論争に発展した論文が、長い孫引きという形で引用されている。これはフロイトの脱神話化や、精神分析自体への批判という昨今の海外の動向に反応したものと考えたらいいのか。いろいろなことを連想しながらページをめくることになった。

4 最相葉月『中井久夫 人と仕事』みすず書房、二〇二三年

私は中井の著作に長年親しみ、大きな影響を受けてきたが、それでも初めて知るさまざまな発言やふるまいが描き出されていて実に面白く、一気に読んでしまった。『中井久夫集』（全一一巻、みすず書房、二〇一七—一九年）の解説をまとめたものというレベルにとどまらないすばらしい内容である。なお巻末の年表は、いくつかの資料から構成されているが、東大精神科関連の出来事の中には中井が決して採用しなかっただろうという事項が散見される。歴史とはこういう厄介な

ものなのかと複雑な気持ちにさせられた。

5　尾崎真理子『大江健三郎の「義」』講談社、二〇二二年

一人の愛読者として、半世紀以上にわたって大江健三郎の著作にはお世話になったので、追悼の意味を込めてなにか一冊を読もうと手をのばすが、いずれも物足りなさを感じた。たどり着いたのが本書。柳田民俗学との親和性というまったく予想もできなかった話題に触発され、くりかえし読み続けた。実に刺激的な著作であった。

最後に、今回も師や友人や知人の二〇二三年の出版物のいくつかを記す。

村瀬嘉代子『クライエントの側からみた心理臨床——治療者と患者は、大切な事実をどう分かちあうか』（金剛出版）。徹底して事例に即して展開する村瀬臨床の核心をなす著作である。東畑開人『ふつうの相談』（金剛出版）。やさしい語り口で書かれているが、「純金」の精神療法とは幻影であるという省察にいざなわれる（これは私の誤読であろうか）刺激的一書である。野村豊子『総説 回想法とライフレヴュー——時・人・地域をつなぎ、今に生かす』（中央法規）。回想法はかつて臨床場面でたいへんお世話になった。著者のこの領域の仕事の集大成である。宮西照夫『呪医とＰＴＳＤと幻覚キノコの医療人類学——マヤの伝統医療とトラウマケア』（遠見書房）。長年敬愛してやまない著者が、半世紀以上ものの間、マヤと紀州の間を、いわば魂の在処を求めて往復しながら紡いだ著者渾身のライフワークである。

松家　仁之

（小説家）

1　アナス・アタッシ『スマック——シリアからのレシピと物語』佐藤澄子訳、2ndLap、二〇二二年

ダマスカスとアレッポの中間に位置する街で生まれ育った著者が、幼いころからの記憶もまじえながらシリアの家庭料理を紹介する大判のレシピつき写真集。馴染みある野菜のおいしそうなこと！　中東地域が互いに影響を与えあってきた歴史が皿の上に浮かんでいる。戦争はこうした料理を、笑顔で囲む時間を奪う。「スマック」とは木の実を乾燥させ、挽いてつくった日常づかいのスパイス。

2　フェイ・バウンド・アルバーティ『私たちはいつから「孤独」になったのか』神崎朗子訳、みすず書房、二〇二三年

一八世紀末以前に刊行された印刷物には、「孤独《ロンリネス》」の使用例はごくわずかで、つまり産業革命が人々のあらたなこころの状態をもたらしたという分析、またＳＮＳや新自由主義と「孤独」の関係についての考察はたいへん具体的だ。ヴィクトリア女王、ホームレス、文学者、高齢者……それぞれの孤独をいわば同列に扱い、精神のみならず身体へのアプローチ

も欠かさないあたりには臨床医的なものを感じた。それにしても中東諸国には「孤独」を表す共通語が存在しないようだという指摘には驚く。個人主義の強度と「孤独」に相関があるとするなら、日本人の孤独の色合いもまた、西欧とはだいぶ異なるということになるのではないか。

3　垂見健吾『めくってもめくってもオキナワ』CONTE MAGAZINE、二〇二三年

一九七〇年代後半から沖縄を撮りつづけてきた成果が、五〇〇枚近い写真、四センチほどの厚みに集大成。五〇年かけないとつくれないものがある、というしかない。かつて三浦つとむは、写真は「作者の位置についての表現という性格をもそなえており、さらに作者の独自の見かたや感情などの表現さえも行われている」(『日本語はどういう言語か』講談社学術文庫、一九七六年)と書いたが、これはその最高の見本。

4　デイヴィッド・ホックニー『秘密の知識——巨匠も用いた知られざる技術の解明』木下哲夫訳、青幻舎、二〇〇六年

フェルメールが光学機械を使って描いたことはよく知られているが、それ以前にもレンズや鏡などを使って描きはじめていた画家が少なからずいたことを、描き手ならではの視点と分析で執念深くあきらかにしてゆく。ホックニーが「自分の目で詳しく検証しないではいられない」イギリス人気質の画家であることを再認識した。

5　養老孟司・茂木健一郎・東浩紀『日本の歪み』講談社現代新書、二〇二三年

鼎談は対談とちがい、誰かがしばらく黙って聞いているという状態を生む。鼎談の「場」がつくりだす緊張の気配がじつに興味深い。世代間の考えかたのちがいを確かめあう、遠慮ないやりとりにも大きな価値を感じた。孤立から身をはがすためには、話し言葉の果たす役割は小さくないだろうと思いながら、それには技量も度量も必要だと気づかされる。

斎藤　修

（経済史・歴史人口学）

1　佐藤雄基『御成敗式目——鎌倉武士の法と生活』中公新書、二〇二三年

中学校時代、日本史の太田次男先生から「歴史新聞」をつくれという宿題がでたことがありました。授業で源平の戦いをやっていたときです。「みんな一ノ谷か壇ノ浦の合戦だろうな」と思い、私は鹿ケ谷の密議を陰謀スクープ記事に仕立て上げました。平家から源氏へ、貴族政治から武家支配への流れはその小さな事件から始まったということだったのですが、そんな見通しを書いたわけではなく、事件の詳細を一生懸命に調べ、微にいり細をうがった記事にしました。中学生なりの自信作だったのですが、先生の評点は芳しくありませ

んでした。陰謀や事件・出来事をただ繋いだだけでは歴史にならないよ、と諭してくれたでしょう。そのメッセージは私にも伝わったので、次に、歴史上の人物をひとり取上げて評伝を書くという卒業論文のような宿題が課せられたときは、五〇人くらいのリストから迷わず北条泰時を選びました。御成敗式目制定は武家体制成立過程における重要な一里塚と考えたからです。ただ、調べ始めてみてすぐわかったのは、新体制の理念を謳い上げたような条項がまったくなく、何か実務的で、中学生には扱いに困るような代物だということでした。結局、承久の乱や執権政治の記述が主となってしまいました。後鳥羽上皇への速やかな反撃は印象的でしたので、まだ合戦物から抜け出せない面があったのかもしれませんが、体制変換の意味はそれなりに書きました。先生からの辛口コメントはなくホッとはしたのですが、御成敗式目って何がそんなに重要なのだろうという気持ちが残ったのも事実でした。

今回、佐藤氏の本を読んで、その永年の疑問が氷解しました（余談ですが、文献目録に太田先生の著作を見つけ、懐かしく、また嬉しく思いました）。武家体制が成立したといっても、朝廷や荘園領主の世界に口出しできず、他方では成立しつつあった武士の家の内部に踏み込むことをしなかったというのが、一九七〇年代あたりからの通説です。そのなかで幕府が心を砕いたのは、荘園領主と御家人の間の紛争に加え、「御家人集団の内部」に生じえた紛糾や混乱を「予防」することだった（八八―八九頁）、御家人の「家」の強化を積極的に保障し、むしろ御家人の「「家」の形成を促していく」面をもっていたところに、この鎌倉幕府法の特色があったというのです（一四三頁）。腑に落ちたのは、最近になって伊藤俊一『荘園――墾田永年私財法から応仁の乱まで』（中公新書、二〇二一年）や西谷正浩『中世は核家族だったのか――民衆の暮らしと生き方』（吉川弘文館、二〇二一年）を読んで、新しい研究に触れていたこと、後者のテーマにかんしては私も書評論文を書き（『社会経済史学』八八巻三号、二〇二二年）、そのなかで、家の確立と地縁共同体の成立とは共進化の関係にあったはずだと思い巡らせていたからです。社会の他の構成要素にも同様の変容が起きていたはずで、法システムの整備は、その現実に対する為政者の政策対応の一端を反映していたといえるように思います。

2 水田洋『ある精神の軌跡』東洋経済新報社、一九七八年

水田先生が亡くなられ、専門外の私が弔辞を述べることになってしまい、準備のためこの回顧録を手に取りました。大学卒業後、調査担当の軍属としてジャワに赴くことになり、荷物に入れた本は三冊、ホッブズのエヴリマン文庫版『リヴァイアサン』、ヘミングウェイのペンギン文庫版『武器よさらば』、そして斎藤茂吉の『暁紅』であったそうです。歌集

はともかく、他の二冊はジャワでも仕事をしようと考えていたからなのでしょう。実際、バタヴィアに着くとすぐ古本屋巡りを始め、現地図書館の蔵書漁りをしたそうです。非戦闘員という身分だったからできたことでしょうが、強気だなあと思いました。同時に、ホッブズの問題提起がロックをへてスコットランド啓蒙へと流れこみ、アダム・スミス体系として完成してゆく、水田思想史の基本枠組は二〇歳前後ですでに出来上がっていたことをも意味しており、感嘆しました。本書は生涯の仕事となったスミス研究の「準備段階」で終わっていて、その後が出なかったのは本当に残念です。

3　梅崎修・南雲智映・島西智輝『日本的雇用システムをつくる1945―1995――オーラルヒストリーによる接近』東京大学出版会、二〇二三年

労働組合を取り巻く環境は九〇年代以降に大きく変わり、日本的雇用システムの比重が低下する一方で、UAゼンセンのような新しいタイプの組織が伸びています。本書は、この日本的雇用システムの成立史に新しい方法論を導入した歴史書です。私はオーラルヒストリーという方法論に馴染みがあったわけではありませんが、読んでみてとてもおもしろく、素晴らしい出来栄えと思いました。日本的ユニオニズムは企業の人材配分手段のなかで転勤には甘いという印象をもっていましたが、「遠い職場」（完全に同じ企業ではなかったという意味で）への配置転換事例を取り上げた第六章はいろいろな面が垣間みえて、興味深く思いました。

4　山本麻子『書く力が身につくイギリスの教育』岩波書店、二〇一〇年

著者が二〇〇三年に同じ出版社から刊行した著作『ことばを鍛えるイギリスの学校――国語教育で何ができるか』の続編です。こちらは、小学校から高校までの各段階で、先生が作文実技をどう教えているか、実例をもって教えてくれます。たとえば、第六章で取り上げられた歴史の先生は、「書く内容と書き方の質を高めれば、歴史の勉強がさらにやりがいのあるものになる。よい習慣をつけるとよい報いがあるものだ」と結んでいます。まったく同感です。

石川　美子

（フランス文学）

1　パスカル『小品と手紙』塩川徹也・望月ゆか訳、岩波文庫、二〇二三年

パスカルが二〇歳から最晩年のあいだに書いた手紙や断章など二〇篇余りを年代順に並べた小品集である。幾何学論や真空論といった難解な手記もあるが、註と解題に助けられて読みすすめるうち、あたかも自伝を読んでいるかのように、時代のなかで生きた人間としてのパスカルの姿がくっきりと

浮かび上がってくる。そのとき、自分が今まで『パンセ』を超時間的な書として読んでいたことに気づいて愕然とした。

2　『柏木如亭詩集』全二巻、揖斐高訳注、東洋文庫、二〇一七—二〇二〇年

数年前からの、愛読書かつ枕頭の書であるが、今まで雑誌『みすず』の読書アンケートで挙げたことがなかった。遊歴と隠棲の詩人、柏木如亭の漢詩集である。とくに第二巻には、漂泊と貧困のなかで書いた遺稿が収められており、しみじみと胸にしみる。それぞれの漢詩の下に訓読がつけられ、そのあとに註と現代語訳がくわえられているので、さまざまな角度から作品を味わうことができる。心騒ぐ日でも、この詩集を読んでいると、静かで落ち着いた気分になってくる。

3　山口耀久『「アルプ」の時代』ヤマケイ文庫、二〇一九年

一九五八年から一九八三年まで全三〇〇号を出した『アルプ』誌の歴史を語った本である。『アルプ』は、山岳雑誌ではなく文芸誌であった、という主旨は興味ぶかい。『アルプ』が終刊になったのは、山に登る人が本を読まなくなったからであるが、同時に「山に登る人で文章を書ける人があまりにも少なく」なったからでもあるという。そう語る著者は、六〇年前に『北八ツ彷徨』というすばらしい文学作品を書いていた。

4　大石善隆『コケはなぜに美しい』NHK出版新書、二〇一九年

この一年間、コケや地衣類に興味をもって、いろいろな本を読んでみたが、分類と図鑑とに終始する本が多く、あまり楽しむことができなかった。この本だけは、コケの生涯と、生きる環境とを細やかに物語っており、読む者をその世界に引きこんでゆく。それぞれの場所で生きぬくコケの美しい姿に魅了され、コケに会いに森のなかへ行きたくなる。だが、その小さな世界のなかには、地球全体の環境問題が隠されていることにも気づかされ、考えこまざるをえない。

5　寺山修司『旅路の果て』河出文庫、二〇二三年

寺山修司の競馬エッセーは魅力的である。馬への優しいまなざしと愛にみちているので、彼が語ると、知らない馬のことでも好きになる。彼の競馬ものは一〇冊ほどあったが、没後四〇年のあいだに、角川文庫、宝島社文庫、講談社文芸文庫と、散発的に再刊されてきた。今回は河出文庫である。彼の競馬ものすべてを収めた全集のようなものをどこかの出版社から刊行してくれないだろうかと思う。

（社会医学）

大井　玄

認知症は治すべき病気なのか？　私たちはほとんど毎日認知症の予防や治療を勧める記事を目にする。1　上田諭『治

さなくてよい認知症』（日本評論社、二〇一四年）は、高齢者で圧倒的に多いアルツハイマー型認知症は、治すべき疾病ではなく、「誰にでも起こるふつうのことと認め、認知症の人とともに前向きに積極的に生きる」ように生活の仕方を工夫するのが良いと勧める。

なぜなら、第一に、認知症になる割合は、加齢とともに確実に上昇する。八五歳以上では四割を超え、九〇歳以上では六割に達する（二〇一二年、厚労省調べ）。長寿になればなるほど認知症になりやすいのである。疫学的には、対象とする群の過半数を占める特性は、その群を代表する特性と言えよう。

第二に、川崎幸クリニックで多くの認知症高齢者を診てきた杉山孝博院長が指摘するように、「認知症の方の最後は、苦痛も負わず恐怖感もなくきわめて穏やか」である。

第三に、認知症で生じるＢＰＳＤ（Behavioral and Psychological Symptoms of Dementia）には、不機嫌、抑うつ、易怒性などから暴言、妄想（物とられ妄想、嫉妬妄想）、徘徊などにいたる様々なものが見られるが、このＢＰＳＤに対する一般の見方には大きな誤解があると指摘する。「それは、認知症という脳器質性の疾患、脳の神経機能障害によってＢＰＳＤが生じているという考え方である」。認知症の症状には、短期記憶の衰えのような脳器質性によるものと、精神的反応症状とがあるが、易怒性、妄想、幻覚、せん妄など、ＢＰＳＤは後者の現れであることを強調している。

認知症の初期から中期にかけて起こるＢＰＳＤは、そのほとんどが「人との関係性の悪化」にあることを指摘し、認知症ケアで「その人らしさを尊重するケア（パーソン・センタード・ケア）」を推進した英国のトム・キットウッド臨床心理士が唱えた認知症ケアの指針を紹介している。キットウッドがやっていけないとする対応は、「非難する」「中断する」「からかう」「軽蔑する」「子ども扱いする」「急がせる」「無視する」など数多い。要するに、認知症の当事者が何をしても、決して怒ったり、訂正したりせず、常に敬意を表してその誇りを傷つけないことが肝要なのである。

2　生井久美子『ルポ 希望の人びと――ここまできた認知症の当事者発信』朝日選書、二〇一七年

認知症は、有吉佐和子の『恍惚の人』がベストセラーになった一九七二年以来、主に家族や医療、介護する側の視点で捉えられてきた。本書は「本人」の視点から見える世界に入ることを強調している。

アルツハイマー病と診断された当事者の活動が世界的に広がっている。その先頭を走るのが一九四九年生まれ、オーストラリアのクリスティーン・ブライデンとその夫で自らを「ケア・パートナー」と呼ぶポールである。

彼女は一九九五年四六歳のときアルツハイマー病と診断された。専門医に「五年で完全にわからなくなり、その二―三年後に亡くなる」と宣告されたが、その九年後、著者が訪れた時も元気だった。しかし、今日が何日で何曜日かわからず、言われなければ食事も忘れ、ナイフとスプーンの区別もできず、料理などの家事はポールが行っていた。彼女は、二冊目の本を書いたり、彼女しかできないことをやっているのだった。萎縮して、「まるで一一五歳」といわれる脳で『私は私になっていく――認知症とダンスを』（馬籠久美子・桧垣陽子訳、クリエイツかもがわ、二〇一二年）を書いていた。

彼女が診断されて一七年後の二〇一二年、五度目に来日したとき、日本の認知症当事者同士の座談会が初めて行われた。二〇一四年には認知症の本人たちが「認知症になってからも、希望と尊厳をもって暮らしたい。人々とともによりよく生きて行ける社会を作り出していきたい」と、その実現のために政策提言をする「日本認知症ワーキンググループ」を立ち上げた。その主張は「私たち抜きに私たちのことを決めないで」というものであったが、これは、一九六〇年代、米国の障碍者自立生活運動のなかで生まれ、クリスティーンたちが立ちあげた国際認知症権利擁護・支援ネットワークが取り入れたスローガンである。

当事者によるこの運動の基底には、「認知症になると考えることができなくなる。日常生活ができなくなる。意思も感情もなくなる」、つまり「何もできなくなる」という社会にある偏見からの解放があった。その偏見を当事者自身が信じ込んでいたが、それは事実ではないことに気づいたのである。

それでは、日本において、認知症と診断された人たちの意向はどのくらい尊重されているのか？「この国の認知症をめぐる落差は、とてつもなく大きい」という。

その本人の思いの対極にあるものは、意に反した精神科病院への入院である。

二〇一三年一月二九日、東京に世界六カ国の認知症政策の責任者が集まり、「認知症国家戦略に関する国際政策シンポジウム」が開かれた。

日本以外の五カ国、英国、フランス、オーストリア、デンマーク、オランダは、すでに大統領や首相が先頭に立って国家戦略を立ててスタートしていた。日本は二〇一五年からで、遅れは歴然としていた。

各国の対策で共通していたのは、「認知症の本人」を中心に据え、よくその話を聴き、「その人らしい人生を支えること」を重視すること。診断は大切だが、その後は医療ではなく「ケア」にひきつぐことだった。「認知症は精神科病院に」という考えは過去のものになっていた。認知症への薬の処方も減らされ、英国では施策の評価を認知症の「本人」がするのだった。

日本以外の五カ国では、精神科病院への入院はほとんどないか、あってもごくわずかである。一方、日本は二〇一一年に精神科病院に入院している認知症の人は五・三万人。一九九六年の二・八万人から倍増していた。

日本には、約三四万床の精神病床がある。人口は約一億二〇〇〇万人で世界人口の二％足らずだが、世界の精神病床の二〇％が日本にある計算だ。入院期間も五年以上が約一一万人、平均在院日数二八五日（二〇一三年）は、世界でも異次元的に長い。さらに、これを認知症に限ると九四四日になる。WHOから勧告が出ている。

日本国内の全病床数約一七〇万床の約二〇％が精神病床であるのも特異的だ。

OECD（経済協力開発機構）加盟国で見ると、他の国々は七〇年代以降、どんどん精神病床が減っているのに、日本は七〇年以降も増え続けて高止まりしている。日本障害フォーラム幹事会議長の藤井克徳は、「今の精神科病院への入院の多さは、「現代版座敷牢」といっていい」と語り、「精神科病床の九割、病院数の八割が民間病院というのも日本の特異性で、政策決定機関に当事者をもっと入れるなどの構成を変えなくてはなかなか変わらない」と指摘した。

国の医療政策は、政権を担う政党によりその性格が大きく影響される。

二〇〇九年、民主党が政権をとると、二〇一二年、厚労省から出された「今後の認知症施策の方向性について」という報告書は、「私たちは認知症を何も分からなくなる病気と考え」「認知症の人の訴えを理解しようとするどころか」「疎んじたり、拘束するなど、不当な扱いをしてきた」といった反省の言葉から始まっている。「認知症になっても本人の意思が尊重され、できる限り住み慣れた地域のよい環境で暮らし続けることができる社会の実現」をめざすことをうたい、さまざまなケアの具体策が提案された。報告書は、二〇一二年発表の「認知症施策推進5か年計画（オレンジプラン）」（二〇一三―一七年）に生かされた。

だが二〇一二年一二月、自公連立政権が発足すると風向きは一転した。厚労省が打ち出したのは、「病棟転換型居住系施設」である。厚労省の説明によれば「不必要になった病棟」を「有効活用する」ための居住施設化の政策だ。精神科病院の敷地内でも「地域」とみて、そこに移った人は「退院」と見なす施策だ。当然のことながら、障碍者団体などは大反対した。

政権交代によってさらに問題が生じた。二〇一五年一月、「認知症国家戦略（新オレンジプラン）」が発表された。その七つの柱の最後は「本人や家族の視点を重視すること」と謳い、ほとんどのメディアは「本人の視点重視」「若年性認知症の対策に重点」などの見出しをとって大きく報道した。しかし共同通信の配信した記事は違った。「国家戦略策定の最終版に、もっとも多く文言の修正が入ったのが精神病院をめぐる記述だ」と指摘した。

さらに「「入院も……循環型の仕組みの一環」「長期的に専門的な医療が必要となることもある」などが追加された。厚労省幹部は「自民党議員から病院の役割をもっと盛り込むよう要望があり、修正した」と明かす。……文言の修正には病院経営への配慮がにじむ」と解説した。しかしこの指摘は朝日、読売、毎日の全国紙にはなかった。

いったい、どこが修正されたのか。京都の精神科医、高木俊介高木クリニック院長が『精神医療』八〇号（一五年）の「白雪姫の毒リンゴ、知らぬが仏の毒みかん」に詳細を紹介している。たとえば「循環型の仕組みの構築」では、①精神科病院の「短期的」が消え、「長期的」が加わった。②精神科病院に「後方支援」を託す「司令塔機能」が加わった。一方、「見える化」「地域からみて、一層身近で気軽に頼れるような存在になっていくことが求められる」が削除された。

国際医療福祉大学大学院大熊由紀子教授は、一七カ国六〇〇人のメンバーが加わる「えにしメール」でこう、配信した。

「新オレンジプランは、〝本人の視点の重視〟という苺、〝やさしい地域づくり〟というクリームで飾っているが、読み進むと、精神病院の司令塔機能などの毒を仕込んである。奇麗な毒入りケーキのようなもの。政権交代した自民党の総理以下要人が日本精神科病院協会の政治連盟から多額の寄付を受けていることは、公開文書を見るだけでも明らかです」。

妙木　浩之

（精神分析）

ここ数年、ナショナリズムや専制独裁制、そして戦争について考えることが増えた。精神分析では「エディプス」と総称する。

最近、縁あって中山省三郎のことを調べていて、その親友である火野葦平の「麦と兵隊」を読んだ。皆が記憶しているのは「徐州徐州」の歌のほうかもしれないが、深刻なのはこの戦争の記録が、当時のナショナリズムのなかで、あっという間に戦記文学として人気を博していくこと。戦後火野が自らの命を絶たざるを得なかったことを含めて、戦意高揚の沈黙の螺旋のなかでの、知識や思想の脆弱さ、付和雷同性の強い力がある。多くの人たちが実感していることだが、アジアで戦争が起きる可能性が高まっている。こんな時に参考になるのは、この前の失敗だろう。ユーラシア大陸の大半が独裁政権になってしまった現代、やっぱり戦争を考えるために火野の文学は読むに値すると思う（私的には、彼の芥川賞「糞尿譚」とインパールでの悲惨な日記と合わせて読むことをお勧めしたい）。1　火野葦平『麦と兵隊・土と兵隊』角川文庫、二〇二一年

それにしてもウクライナ侵攻をしたロシア、それに連動して起きたかのような中東での戦争、テロ、それをきっかけとして起きたイスラエルの殲滅戦、どちらも近現代で起きた大きな戦争と無意識につながっている。プーチンがウクライナを「ナチズム」と述べているように、起源は世界大戦にある。皆気が付いているが、決して安易に言葉にできないことだが、今イスラエルの行っている行為から強制収容所におけるユダヤ人の虐殺を連想する。傷は簡単に、特にユダヤの民の外傷ってやっぱり癒えていなかったのだって思う。精神分析を生んだ民族が、私たちが容易に虐殺と憎しみの連鎖を生み出すことを知っていながらも、やられたらやり返す連鎖から自由になれないことの驚き。戦意向上とナショナリズムの同害復讐（タリオン）から抜け出せない深刻さ。

グリーンフェルドの三部作のうち私自身は *Mind, Modernity, Madness: The Impact of Culture on Human Experience* が重要だと思っているが、せっかく邦訳が出たので以下。2　リア・グリーンフェルド『ナショナリズム入門』小坂恵理訳、慶應義塾大学出版会、二〇二三年（原著二〇一六年）。

問題なのは近代社会の、しかも一〇〇年前、戦争の世紀のユダヤ的グローバリズムが、そして何より経済学的金融資本主義が膨張していったなかで、時代が作り出した二つの思想、マルクス主義と精神分析が現代にどれほど有効か、ということなのだろう。斎藤幸平の『人新世の「資本論」』（集英社新書、二〇二〇年）のような、環境破壊という、経済の外部化の限界から危機の言説を組み立てる一つの論点があるとすれば、家族と社会を扱ってきた精神分析が、日々の生活の中で何をできるかっていうことだろう。

最近、邦訳で可能性を感じたのは、アトラスの欲望論だった。3　ガリト・アトラス『欲望の謎 精神分析は、性、愛、そして文化多様性にどう向き合うのか』北村婦美監訳、金剛出版、二〇二三年（原著二〇一五年）。おそらく私たちの生活のなかに潜んでいる「欲望」が、生殖性という意味からセックスへの移行のなかに位置づけられない限り、ジェンダーの謎は問いにとどまり家族の未来は見えないのだろう。おそらくその問いは、独裁制の国々のエディプスを考えるための準備になる。今や余剰や過剰を外部に求めるには限界が見えている。

蛇足だが、二〇二三年は精神分析プロパーの人たちにとっては、メラニー・クラインの成人の分析記録が出たり、ウィ

ニコットが見ていた事例「ピグル」のその後の姿を探し求めた記録も出たりした年でもある。精神分析協会を除名されたマシュード・カーンの日誌ワークブックもようやく出版された。精神分析研究者は忙しい。

水島 治郎（オランダ政治史・ヨーロッパ比較政治）

1 君塚直隆『貴族とは何か――ノブレス・オブリージュの光と影』新潮選書

議会制民主主義の母国であり、しばしばデモクラシーの見本として扱われるイギリスは、今もなお貴族が健在であり、上院に議席を確保し、政治的・社会的な影響力を保持している。ではなぜイギリスで貴族が残存したのか。他のヨーロッパ諸国、中国、日本の貴族の展開とも比較しつつ、歴史と現代に生きる貴族の本質に迫る力作である。

2 中澤聡『近世オランダ治水史――「健全なる河川」と側方分水をめぐる知識と権力』東京大学出版会

ライン川、マース川などの河口付近に干拓を通じて国土が形成されたオランダでは、水の制御が国としての最大の関心事となった。本書は特に一八世紀のオランダにおける科学的河川管理の展開を、「健全なる河川」「側方分水」などをめぐる議論を描きつつ明らかにした労作である。科学者、政治家、行政官が激しく論争しながら「あるべき河川とは何か」を追究するさまは、水害にしばしば見舞われる日本の河川のあり方を考えるうえでも示唆的だ。

3 陳祖恩『上海――記憶の散歩』銭暁波・森平崇文訳、勁草書房

租界以来の街並み、歴史的建造物などをめぐりながら、国際都市・上海の都市空間の歴史の深みを味わうことのできる名著である。上海の街路のそれぞれが、歴史の重なりの上に成立し、中国、西洋諸国、日本などの各国の文化が交差して独特の香りを漂わせている。私事で恐縮だが、二〇二三年夏、初めて上海を訪れる前にこの本を読んだことで、街歩きがぐっと充実したことを懐かしく思い出す。

4 アンドレイ・プラトーノフ『幸福なモスクワ』池田嘉郎訳、白水社

戦間期ソ連の代表的作家の一人として、ブルガーコフと並び称されるプラトーノフ。本書は一九三〇年代に執筆されたものの刊行されず、一九九〇年代にようやく日の目を浴びた作品である。孤児院育ちで「モスクワ」と名付けられた女性の数奇な運命を通し、社会主義建設が大規模に進められ変貌を遂げるモスクワの街の雑踏と熱気、葛藤と挫折を描き出す。

5 原武史『歴史のダイヤグラム〈2号車〉――鉄路に刻まれた、この国のドラマ』朝日新書

鉄道にまつわる歴史を鋭くえぐる、朝日新聞の人気連載をまとめた新書の「二号車」である。どのエピソードも興味深いが、千葉県民の私としては、鉄道のあり方に注目して「千葉県」が東京から「断絶」した存在であることを明らかにした、原氏の独自の分析が印象深い。氏の提案する、「夢の房総半島一周列車」の実現もひそかに期待している。

新田　啓子（アメリカ文学）

1　佐藤泉『死政治の精神史――「聞き書き」と抵抗の文学』青土社

人間の自我の成り立ちを、その裏にはたらく生政治から説明したのが近代文学史であったと位置づけ、そのストーリーから外された「聞き書き」の――おもに女性が担った――文学を復権させつつ、死政治の側面を批判してきた文学史／精神史の流れを明るみに出す書。「生」を考究する著者の言葉、歴史観・社会観の透徹ぶりに圧倒される。

2　石川義正『存在論的中絶』月曜社

性と生殖における自己決定権、ないしはリプロダクティヴ・ヘルス&ライツなる女性の生存条件が、フェミニズムとして引き受けられたその瞬間、姿を隠す政治的・倫理的問題のあらゆる錯綜を詳らかにする驚異的な書。我々の日常のみならず、哲学的言説を永らく拘束してきた優生学と女性蔑視に与しない生殖と中絶の存在論のはじまりを告げる。

3　ロレイン・ハンズベリ『ひなたの干しぶどう／北斗七星』鵜殿えりか訳、小鳥遊書房

著者は公民権運動期を生きた米国黒人女性劇作家。なかでも『ひなた』はブロードウェイで演じられた初の黒人女性作品。「同心円モデル」で知られるシカゴにて、居住移転の自由を賭けて闘った父の事績に基づいた失意と希望のドラマである。白人富者の自治の主張が住宅差別、公共性の崩壊を助長するのが近年の米国だ。真に時宜を得た訳書。

4　アン・ボイヤー『アンダイング――病を生きる女たちと生きのびられなかった女たちに捧ぐ抵抗の詩学』西山敦子訳、里山社

難治性の乳がんと闘った女性文学者の医療詩学と呼ぶべき書。闘病という人間の営みを古典古代に遡って追究する著者の情熱と、壮絶な治療技術、酷薄な米国の医療制度、さらには病とともに増殖する利権ならびにその誘惑に群がる企業等のドキュメンタリーに息を呑む。誠実な調査を踏まえた翻訳も、生への畏敬を喚起する。

5　マノン・ガルシア『生まれつき男社会に服従する女はいない』横山安由美訳、みすず書房

家父長制を批判する地歩を手にした今日、女性はなおも、

男性優位の関係性、つまり男への服従を、よしとしているかに見えることがある。その現象と斬り結んだ思索の書。支配との共犯性や、規範とのパフォーマティヴな戯れは、ポスト構造主義以降のフェミニズム理論の王道だったが、これは極めて読みやすい優れた成果。

ブレイディ　みかこ

（作家、コラムニスト）

ベスト本というのは、用途や掲載媒体によって違うものを選んだりするが、ここでは、ただ純粋に個人として二〇二三年に楽しんだ本を三冊。

1　Nick Cave and Sean O'Hagan, *Faith, Hope and Carnage*, Picador Paper, 2023

Shane MacGowan の葬儀で Nick Cave が歌っている映像を見て、Kindle で買ったままだったのを思い出して読んだら凄まじくよかった。薬物依存、一五歳で急逝した息子のことなど、Nick Cave が友人のジャーナリストを相手に三〇〇ページ以上も赤裸々に語る。これほど「ジーザス」という言葉をリリックに入れる人はいないと思うが、彼なら、あの世でもこの世でもない「その世」とは、宗教のことだと迷わず言うに違いない。もちろん、「信仰深い人」とは違う方向から。

2　Thomas Morris, *Open Up*, Faber & Faber, 2023

Ali Smith が雑誌でベタ褒めしていたので読んだところ、こちらも凄まじく好みだった。シュールさとユーモアと鋭さとペーソスに満ちた短編集。タツノオトシゴの雄たちが、自分たちの子どもに不倫の話をしていたりする。彼らの世界には妊娠したお父さんたちがたくさんいて、お母さんたちは家に寄り付かない。他にも、吸血鬼みたいな歯になりたくて怪しい歯科医院で歯を研いでもらう男性の話など、おかしくて、やがて切ない。

3　デヴィッド・グレーバー、デヴィッド・ウェングロウ『万物の黎明――人類史を根本からくつがえす』酒井隆史訳、光文社

この読書アンケートの執筆を依頼してきたみすず書房のIさんが、この本を読んだらしく、グレーバーを「偶像破壊の天才」と評していたので、「破壊するだけの天才はけっこういると思うんですけど、グレーバーの場合、なぜ破壊しなければならないのか、破壊した後に何が立ち上がるのか、という本人のヴィジョンが明確なところが一線を画しているんだと思います」とお返事しながら、なんかすでにアンケートの一部になってんじゃん、と思った。だからここにそれを書いておこうと思った。グレーバーは、セックス・ピストルズではなくP.I.L. なのだ。わかりづらい喩えかもしれんけど。

山崎　雅人（理論物理学）

1　エドムント・フッサール（ジャック・デリダ序説）『幾何学の起源』田島節夫・矢島忠夫・鈴木修一訳、青土社、二〇〇三年

現代数学においてはしばしば厳密な論理性が強調され、論理に至る過程は意図的に隠蔽されてしまう。しかし、人間にとって数学を理解するとは、機械的に論理をなぞるにとどまらず、沈殿した意味から世界を再度開示してみせることにより最終的に論理を超えた明証性を得ることではないか。

2　伊藤憲二『励起——仁科芳雄と日本の現代物理学』みすず書房、二〇二三年

日本の物理学の発展に大きく貢献した仁科芳雄の本格的科学史・伝記。仁科とはスケールがまったく異なるとはいえ、同じ素粒子物理学の研究に日々苦闘している筆者にとっては身につまされるところも多く分量を感じさせなかった。

3　ジム・アル＝カリーリ、ジョンジョー・マクファデン『量子力学で生命の謎を解く』水谷淳訳、SBクリエイティブ、二〇一五年

この世界は量子力学により記述されるが、マクロでノイズの多い生命環境では量子性はすぐに失われるというのが定説である。しかし近年、生命の活動そのものに直接量子性が重要な役割を果たす可能性が研究されている。その研究の成否は今後の進展を待つほかはないが、そのような可能性が真剣に科学として研究されているのは歓迎されるべきことだ。

4　高橋文子『通訳ガイドの醍醐味——訪日観光客を案内して』展望社、二〇二一年

筆者は日常的に海外からの研究者と接しており、彼ら一人一人との出会いを通じて、自分自身の日本そして世界に対する見方も揺さぶられてきた感覚がある。本書は通訳ガイドである著者が自らの経験を様々な逸話を交えて語ったもので、ペーパー通訳ガイドとしていろいろ想像しながら楽しく読んだ。

5　米川正子『世界最悪の紛争「コンゴ」——平和以外に何でもある国』創成社新書、二〇一〇年

二〇二三年はルワンダに出張した。首都キガリは過去の惨事の傷跡を残しつつも、安全で近代的な街並みを作り上げている。ルワンダのニュングウエ国立公園から地続きに見えたのがコンゴ民主共和国のキブ州。そこは現在でも世界でも最悪とよばれる紛争地帯であるが国際社会の注目は低い。本書は国連難民高等弁務官事務所に勤務した著者が、自らの経験に基づきコンゴの闇について記述した本である。

蔭山 宏 （思想史）

1 リュディガー・ザフランスキー『ハイデガー――ドイツの生んだ巨匠とその時代』山本尤訳、法政大学出版局、一九九六年

同時代の思想史的叙述としても興味深い。とくに一九二八年のドイツ社会学会に関する叙述は「社会的モデルネ」の意義を重視しており、重要である。

2 Walter Frisch, *German Modernism: Music and the Arts*, University of California Press, 2007

かねてより芸術的諸形式の発展と政治思想の対応関係について主として絵画芸術に即して検討してきたが、本書は世紀転換期からワイマール時代にかけての音楽の展開過程を叙述しており、参考になった。

3 大沼保昭『国際法』ちくま新書、二〇一八年

国際法入門にあたる著者の遺著。カール・シュミットの理論との対比を念頭において読んだ。

4 西加奈子『くもをさがす』河出書房新社、二〇二三年

著者の乳がん闘病記。病気や病状との向き合い方が印象に残った。

5 石井正己『こころをよむ――文豪たちが書いた関東大震災』ＮＨＫ出版、二〇二三年

最近ラジオをよく聴くようになり、本書の存在を知った。関東大震災に関する作家たちの報告が簡潔にそして臨場感あふれる形で紹介されており、引き込まれて読んだ。

澤田 直 （哲学）

1 藤田尚志『ベルクソン 反時代的哲学』勁草書房、二〇二二年

気鋭の研究者がフランスで提出した博士論文を基に書き上げた六〇〇頁の渾身の書。読むのにずいぶん時間がかかってしまったが、専門家ではない私のようなものにも響いてくる精緻な論理としなやかな感性のバランスが素晴らしい。数ある近年のベルクソン論のなかでも出色の論考。サルトルに関する部分も勉強になったが、なによりも『創造的進化』と『二源泉』について多くの示唆を受けた。フランス語論文が最初にあったためだろうか、発想の点でもベルクソンの根幹から立ち上がるものを感じた。

2 安藤礼二『井筒俊彦――起源の哲学』慶應義塾大学出版会、二〇二三年

これは、折口信夫、鈴木大拙に通暁した安藤氏にしかできない力業だろう。多数の言語と文化を横断し、往還しながら思索を深めた井筒俊彦という希有な哲学者の像が、言語、思

想、身体を通じて、見事に浮かびあがってきて、読みながら身震いした。「言語は論理（ロジック）であるとともに呪術（マジック）である」というフレーズは、批評家安藤の座右の銘でもありうるはずだ。憑依というテーマは、ベルクソンにもペソアにも通じるもので、神秘主義についての勉強をさらに続けなければという思いをあらたにした。この著者の次なる評伝の対象は誰か、楽しみでならない。

3　鴻巣友季子『文学は予言する』新潮選書、二〇二二年

多くの翻訳論のなかで、シャープでディープという点でこの人の文章にまさるものはない。どんな些細な文でもきわめて多くのことを教えてくれる。「ディストピア」「ウーマンフッド」「他者」の三章からなる本書が取り上げる古今東西の本、それらが著者の手にかかると新たな相貌で立ち上がってきて、思わずその本に立ち返りたくなる。これこそ批評の真髄というものだろう。

4　石川美子『山と言葉のあいだ』ベルリブロ、二〇二三年

これまで旅行や風景、自伝などをテーマにしてきた仏文学者が、自分とフランスの山々との関係について語ったエッセイを読んで、研究とはちがうこういう本を書くことができたら幸せだろうな、と率直に思った。シャモニーのラスキンから始まり、フランス留学で知り合った女性マダム・ミヨーの想い出や、シャモニーの裏山で採ったフキノトウの天ぷらの話が、ごく自然に、永井荷風やスタンダールと川や山の付き合いの話につながる。そういえば、登山家には名随筆家が多かったな。

5　Jean-Baptiste Andrea, *Veiller sur elle*, L'Iconoclaste, 2023

毎年ゴンクール賞にノミネートされた小説を読んでいるのだが、そのなかでも圧倒的な傑作。本賞を受賞したのも頷ける。『彼女を見守る』と仮にタイトルを訳すこの小説の舞台は二〇世紀前半から戦後の激動のイタリア、主人公は障がいを持った彫刻家、名前はなんとミケランジェロで、その代表作はピエタ。幾重にも伏線が張り巡らされ、スタンダールのイタリアものとジョルジュ・サンドの田園小説、エーコの『薔薇の名前』を思わせるプロットに、芸術、純粋な恋愛、政治、さらにはジェンダーをはじめ現代的テーマも満載で、六〇〇頁の長さにもかかわらず、読む者を飽きさせることなく、疾走する。

阿部　公彦（英文学）

1　大江健三郎『親密な手紙』岩波新書、二〇二三年

大江は作品だけではなく数多くのエッセイを残した。ある時期から主流になった、水泳の息継ぎのように文の途中で息をつく特有の文体は、詩への意識、友人との穏やかな交際な

ど、小説作品の題材とも重なる。

2 星野太『食客論――共生　孤食　口唇　食客　海賊　異人　味会　坐辺　飲食　寄生』講談社、二〇二三年

「共生」が浅い美談に仕立て上げられがちとの指摘には同意した。「共生」や「食」を美談から解放することで、「傍らで食べること」の深みが見えてくる。「食客論」とのタイトルも絶妙。概念だのみの本にしないで、エピソードを活かしている。

3 唐沢かおり『なぜ心を読みすぎるのか――みきわめと対人関係の心理学』東京大学出版会、二〇一七年

以前、買ってあった本。私たちが人の行動の原因を過度に〈心〉に求めるところには、一種のバイアスがかかっているのでは？　という問題提起は、社会心理学という学問の出発点となり、人間行動のより科学的な探求へとつながった。しかし、バイアスを暴けばすべてが解決するわけではない。バイアスが日常生活のある種の合理化に組み込まれているといったあたりの考察も興味深い。人がどう他者を評価するかは、文学でも事務作業でもとても重要。

4 阿部卓也『杉浦康平と写植の時代――光学技術と日本語のデザイン』慶應義塾大学出版会、二〇二三年

もし自分がこの分野を専門にしていたら、この一冊で三年くらい講義ができるだろう。日本語のデザインに関するテクニカルな知識の紹介・解説と、歴史的な経緯とがよりあわさって濃密な一冊になっている。

5 佐峰存『雲の名前』思潮社、二〇二三年

世界と自己の「流動性」に聞き耳を立てながら語るような詩集。緊張感を維持するには、ある種の言語的な「不安」を引き受け続けることになる。

最相　葉月　（ノンフィクションライター）

1 ハンス・ブリンクマン『わたしと日本の七十年――オランダ人銀行家の回想記』（溝口広美訳、西田書店、二〇二二年）は戦後まもなく、一八歳でバンカーとして日本に赴任し、その並外れた発展の歴史に伴走したオランダ人の回想記。芸術家との交流から名古屋の旧家出身の女性との結婚生活、温泉旅行の無礼講、赤線での出来事まで、私生活も包み隠さず打ち明ける。日本人と親しく付き合い、日本文化を愛しながらも国家への鋭い観察眼は失わない。〝現代の小泉八雲〟との評に頷く。

2 カール・エリック・フィッシャー『依存症と人類――われわれはアルコール・薬物と共存できるのか』（松本俊彦監訳、小田嶋由美子訳、みすず書房、二〇二三年）は、アルコール依存症の当事者で精神科医の著者が描く依存症の歴史と

回復への道のり。米国の禁止法主義が有色人種への差別を背景に推し進めた投獄システムが治療システムに転換するのは七〇年代。落伍者の烙印を押すことがいかに処罰感情を醸成し社会を分断してきたかを問う。

3　ジュディス・L・ハーマン『心的外傷と回復　増補新版』（中井久夫・阿部大樹訳、みすず書房、二〇二三年）は旧版にイラク帰還女性兵やカトリック聖職者による性虐待など近年の事例を加えたもの。大手芸能事務所代表による子どもたちへの性加害と組織的隠蔽が明るみになり再読。被害者は圧倒的な権力の不均衡を背景に誰にも助けを求められず一人耐えてきた。某局番組審議会の委員としてこの問題に向き合ってきたが、日本史上最悪の性犯罪を容認した組織・業界風土が改善されない限り同じ問題は繰り返されるだろう。阿部氏と対談した際、「PTSDは精神医学の問題なのか」との問いかけがあった。増補新版が邦訳された意味は大きい。

4　神戸新聞社論説委員室編『人間対コロナ――神戸市立医療センター中央市民病院の3年』（神戸新聞総合出版センター、二〇二三年）。大幅な取材制限があったため、一つの病院を舞台にコロナとの闘いの一部始終を描いた記録はこれまでなかった。本書は、全体像を理解されないまま忘却されることを危惧した院長自ら書き手を探し、取材に全面協力して成立した。医師、看護師から理学療法士、清掃会社まで多様な声がある。「救急日本一」と評される病院が全機能停止したとき何が起きていたのか。病院間、職種間、地域間、あらゆるネットワークの力が試されている。阪神淡路大震災下で書かれた中井久夫『災害がほんとうに襲った時――阪神淡路大震災50日間の記録』（みすず書房、二〇一一年）が重なった。

阿部　日奈子（詩人）

1　鵜飼哲『いくつもの砂漠、いくつもの夜――災厄の時代の喪と批評』みすず書房

どの文章も読んでいて眩暈がしそうな密度。ジュネ論を集めた〈Ⅲ〉章に惹かれたが、ここではゴダール『アワーミュージック』を論じる「真理の二つの顔、あるいは敗者たちの詩人」に触れたい。この映画がゴダールからパレスチナへの連帯表明なので。画面に登場し切り返しショットについて講義するゴダールは、イスラエル建国とパレスチナの災厄を対置する。画面の外からは〈人生とは敗北を確信しつつ闘うこと〉との呟きが。死を超えて響き続ける「私たちの音楽」はこの闘いのなかにしかない、と鵜飼は論を結んでいる。

2　松里公孝『ウクライナ動乱――ソ連解体から露ウ戦争まで』ちくま新書

著者は、大国家（ソ連邦）が消滅して独立小国家に分かれたのちに起きる分離運動への拙劣な対応が今日の事態を招いたとして、そこに至る露ウ双方の国内政情や暴力的応酬を詳しく分析しながら出口を探っている。分離運動に処するには、なによりも親国家（ウクライナ）の経済繁栄が有効であり、多民族融和政策も必須だと説き、さらに元宗主国（ロシア）や周辺国（ＥＵ）が分離派を利用したり、逆に看過したりすることも危険だと警告。平和とは、つねに目を配り議論を交わし結ばれた合意を実行して初めて保たれる均衡なのだ。

3　ピエール・ミション『小さき人びと――折々の肖像』千葉文夫訳、水声社

語り手は作家本人と思われる自伝的短編集。一九四五年生まれのミションは五月革命世代であり、作中にもその時代の負の側面が顔を覗かせる。虚無感に耐えられず薬物に依存する若者群像、性愛の歓びもつかのま放埒から泥沼に引きずりこまれる恋人たち。原書刊行時には三〇代だった作家の、老いを捉える眼差しの冷徹なこと！　贔屓の生徒に読書指導を施すリセのラテン語老教師は、サルトルを好むようになった生徒の困惑顔に気づかず、お門違いの本を与え続ける。先生が死ぬと、少年は悲哀とともに開放感を味わうのだった。

4　岡田暁生・片山杜秀『ごまかさないクラシック音楽』新潮選書

古楽→クラシック→現代音楽という流れを、西洋史、それも市民層の成立と形骸化に添って論じ、音楽が宿す政治イデオロギー性を炙り出す対談。時代区分の境目を跨ぐ巨匠、バッハ、ベートーヴェン、ワーグナーに紙数が割かれてはいるが、クールな語り口が快い。あらゆる楽曲を聴き尽くしたかに思える岡田、片山両氏が、現代音楽の隘路に踏むこむ後半も面白い。エッと驚いたのは両氏が映画『砂の器』のピアノ協奏曲を褒めていることで、思わず作曲者の菅野光亮をネット検索してしまったが、さしたる情報は得られなかった。

5　金久利絵『詩集　竹の花　16』武蔵野書房

短い詩が横組で一六篇並ぶだけの、薄い新書版詩集（対向ページにアラビア語訳付き）。たとえば「ひかり」全行。〈ふりこぼしては／水が空になってしまった／気のふれた人／何のおもりもなく天秤が／傾いている人の／まわりには／人が寄りつかなくなった／こっちに来なくても／食べて行けるよう／気のふれた人は／ひとり遊んでいる〉。どの詩もシンプルな言葉の背後に深淵が控え、詩の土壌が貧しく孤独な魂であることを思わせる。小冊子ながら字体、レイアウト、紙質など造りが瀟洒で、ラディカルな内容との対比が興味深い。

西平 直 （教育人間学・死生学）

1 金子明友『わざの伝承』明和出版、二〇〇二年

コツやカンを現象学の地平で語るとどうなるか。スポーツ運動学というのか、現象学的身体論というのか。濃密な議論が展開されていた。コツを摑むということ。〈本人自身が自分のからだの内側で感じているからだの感覚〉から出発する身体知。

2 佐藤通次『身体論』白水社、一九三九年

八四年前の本。数年前に読み、呼吸について（思想も実践も）深く影響を受けた。岡田虎次郎・静坐法の系譜に属する。しかし「あの」時代に『皇道哲学』（朝倉書店、一九四一年）を書いたドイツ文学者。その呼吸論を皇道哲学から独立させて読んでよいのか。扱いかねている。

3 エモリー大学SEEラーニングチーム『SEEラーニングプレイブック——感じることからはじまる学び』井本由紀訳、kukui books、二〇二二年

やわらかなパステル色の挿絵が入った絵本のようなワーク（プレイ）ブック。コンパッション（思いやり）とマインドフルネス（気づき）がキーワード。自分の〈からだ〉に生じている感覚をそのまま素直に味わう、その難しさに気づくことから始まるワークがいい。

4 Lyonpo Thakur S Powdyel and Needrup Zangpo, *Bhutan at Her Best*, 2020

コロナ禍は小国ブータンも襲った。その国難にいかに立ち向かったか。国王を先頭に人々が一丸となって闘った証言（Reflections on a nation's response to Covid-19）。美しい記録である。しかし現実のブータン社会は厳しい。母国に見切りをつけて外に働きに出る流れが止まらない。先日、新たな国際空港を建設する国家プロジェクトが宣言された。起死回生を願う「窮余の一策」。これからが本当の闘いである。

5 ルディ・ヴェルモート『リーディング・ビオン』松木邦裕監訳、清野百合訳、金剛出版、二〇二三年

精神分析家・ビオン。不思議な人である。「知らないこと」を大切にした。「O」という言葉などその典型。表象されない体験に焦点を当てる。晩年の思想は禅の思想と重なるという。ビオン研究を牽引するお二人の先生（ヴェルモート、松木）に導かれ、孤高の精神分析家を興味深く感じ始めている。

6 小野純一『井筒俊彦——世界と対話する哲学』慶應義塾大学出版会、二〇二三年

井筒の言語哲学を読み解く、その一場面。井筒が所蔵した本の見返しにメモを発見する。「suppositio 禅のコトバ」（この「コトバ」にはparole とルビがつく）。普遍者の自己限定（「代示 suppositio」）。一般観念が、具体的な状況に降りてき

て、具体性を獲得する。禅の発語は「個別性」と「無限性」の相関として実現する。言語の自己顕現なのである。

福嶋　聡

（ＭＡＲＵＺＥＮ＆ジュンク堂書店梅田店）

清水高志は「プラトンの哲学は、当時の段階でルネサンスだった」という。五〇〇〇年前のインダス文明のはじまりから見ると、確かにプラトンの時代は折り返し点である。プラトンから現代までの折り返し点が空海。清水の『空海論／仏教論』（以文社）は、時空を超えて古代インド論理学と現代哲学の最先端が響き合う、巨大なスケールの曼荼羅絵図である。

さらに長いスパンで人類史を描くのが、デヴィッド・グレーバー、デヴィッド・ウェングロウ『万物の黎明——人類史を根本からくつがえす』（酒井隆史訳、光文社）。亡くなる直前の人類学者グレーバーが聞き込みで有力証言を得る刑事役、タッグを組む考古学者ウェングロウが多くの物証から事件を再現する鑑識役として、ホッブズ、ルソーからダイヤモンド、ハラリへと続く、単線的な進化史観の虚偽を暴く、長大で秀逸な「ミステリー」だ。

その大長編『万物の黎明』を、こなれた長さのストレスを感じさせない訳文で読者に提供してくれた酒井隆史の社会時評をまとめたのが『賢人と奴隷とバカ』（亜紀書房）。冒頭には、魯迅の小説のパロディが据えられている。奴隷の身を案じると言いながら、奴隷のために直接行動に出るバカを否定する賢人。賢人は、今日の多くの「知識人」の姿であり、寓話はデモクラシーの崩壊を描いているのだ。賢人たちを名指す、グレーバー由来の「エキストリーム・センター（過激中道）」という形容矛盾的な概念に、今とてもリアリティを感じる。

『野生のしっそう——障害、兄、そして人類学とともに』（ミシマ社）の著者猪瀬浩平の兄の「しっそう（失踪／疾走）」は、コロナ禍下さらに増殖したさまざまな切断線を軽々と乗り越える。「自閉症者」と診断された兄を、「決して追いつけない」と思いながら追いかける著者は、「障害者／健常者」というスラッシュが消えていくのを感じ取り、世界が、他者と自らの間で決して消えないいずれを伴いながら、かろうじてつながった結び目をふやしながら広げていく編み細工なのだと知る。

師から弟子へと技を継承していく職人の世界が、まさにそうした編み細工であろう。一六組の個性豊かな師弟に取材した井上理津子『師弟百景——〝技〟をつないでいく職人という生き方』（辰巳出版）では、寡黙な師が、それぞれの職人仕事に必要な「体」を弟子が獲得していくのをじっと待つ姿が印象的だ。登場するすべての師弟に共通するのは、道具や材料、仕事場など、モノを非常に大事にすること。それこそ、マルクス＝斎藤幸平のいう「物質代謝」の、あるべき姿だと教えられた。

キャロル・グラック

（Carol Gluck　日本近代史）

1　Philippe Sands, *The Last Colony: A Tale of Exile, Justice and Britain's Colonial Legacy*, Weidenfeld & Nicolson, 2022

帝国というものは容易に死なず、完全に滅びることはない。イギリス植民地だったインド洋モーリシャスのチャゴス諸島で、生まれ故郷から全島民が排除されたのは一九七〇年にかけてのことだ。米国が、ディエゴ・ガルシアに冷戦の海軍基地を築くためだ。その後半世紀以上にわたり、チャゴス島民は故郷に帰還する権利のために、ポスト帝国期イギリスの非妥協的態度と戦った。二〇一九年には国際司法裁判所が住人側に勝訴判決を下し、国連決議も続いた。判決と決議はいずれも、チャゴス諸島がイギリスではなくモーリシャスに属することを示したが、イギリス政府はこれを無視した。脱植民地化はいまだ達せられず、ポストコロニアルの正義は、繰り延べられたままだ。

イギリスの人権派弁護士である著者は、イギリス政府に対する訴訟で原告チャゴス島民の代理人をつとめた。鮮明で時に感動的な記述は、チャゴス島のある女性の個人的物語と、国際法の進行中の変化に関する専門家的視点を、よくむすびつけている。彼は、「魔法が効果をもたらすには時間がかかる」ことを認めつつ、これらの司法判断が「現実世界に及ぼす影響」を強調する。小説のように読める本書は、植民地化された人々の苦境と、植民地主義者の偽善を、鮮烈に描く。チャゴス島民はいまだに彼らの権利を取り戻していない。

2　Jeremy Eichler, *Time's Echo: The Second World War, the Holocaust, and the Music of Remembrance*, Knopf, 2023

本書は、美しく、またある面では独特な探求だ。探求するのは、特に戦争やホロコーストという記憶のプリズムとしての——あるいは「言語としての」——音楽である。クラシック音楽批評家であり、文化史研究者でもある著者は四つの作品群に焦点を当てる。すなわち、ナチス・ドイツから亡命したユダヤ人アルノルト・シェーンベルク、ナチスに協力したドイツ人リヒャルト・シュトラウス、反戦作品『戦争レクイエム』を作曲したイギリスの平和主義者ベンジャミン・ブリテン、そしてユダヤ人虐殺を描いたバビ・ヤールによる詩に合わせて交響曲を作曲したロシア人ドミートリイ・ショスタコーヴィチの作品だ。著者は、これらの作曲家を、一九世紀と二〇世紀文化史という、深く、歴史的で広範な音楽的文脈に位置づけている。

　記憶にとっての音楽の意味、そして音楽にとっての記憶の意味を本書は決して見逃さない。音楽自体が、過去や、そのトラウマと追悼の目撃者である、という主張が、抒情的な散文で綴られる。「音楽もまた我々を記憶する」と彼は書く。「失われた時を聴く」という最終章のタイトルがすべてを語っている。

3　Claire Andrieu, *When Men Fell from the Sky: Civilians and Downed Airmen in Second World War Europe*, Cambridge University Press, 2023

　第二次世界大戦中のイギリス、フランス、ドイツの市民が、撃墜された空軍兵士をどう取り扱ったのか、というトピックは、一見しただけではあまり魅力的ではないかもしれない。しかし、このフランスの著名な歴史学者の手にかかると、それら三カ国における歴史と記憶という、大きな問題に光を当てる機会になる。著者の並外れた研究は、事実上、「下からの」航空戦を描く、ミクロな社会史だ。市民は、空襲や占領の被害者というよりも、戦争への積極的参加者として描かれる。つまり、ある日突然空から日常生活の真っただ中に落ちてきた異邦人に対処した「自任の戦闘員（combatants in their own right）」としてである。

　著者は、異邦人の取り扱い方と、戦中の政治文化の差異を関連付ける。たとえば、敵国ドイツ軍人に見せたイギリス人の礼節、連合国の航空兵へのフランス人の危険をいとわない援助、そして撃墜された敵パイロットへのドイツ人のリンチ、といった具合だ。このような見方は、歴史と記憶の両方に疑問を投げかける――フランス人が飛行士を援助したのは大文字で始まるResistanceではなかったし、ドイツ人による敵への暴力は親衛隊に限られた問題ではなかった。（大江健三郎が短編『飼育』で描いた、撃墜された黒人兵の取り扱いは、本書で紹介される「戦争が私たちの村に来た」ときに生じる印象的な事例に相当するものかもしれない）。

4　Harry Harootunian, *Archaism and Actuality: Japan and the Global Fascist Imaginary*, Duke University Press, 2023

　近代日本、資本主義の力、歴史の本質について、長年にわたり思考し、書き続けてきた著者の生涯が結実した傑作だ。著者は「過去」が「現在」において現代化させられた、明治維新、ファシズム、そして戦後という三つの歴史的瞬間について論じる。本書で辿られるのは、資本主義的発展に帰せられる不均等な時間性だけではない。現在というアクチュアリティに、日本の――古風《アルカイック》な――過去が積極的に動員された軌跡も描かれる。明治天皇、戦間期日本主義、あるいは戦後の丸山眞男がいうところの「古層」という姿のいずれを取るかにかかわらず、出来事の絶えず変化する轍のうえで過去は結合され、書かれ、そして生きられる。

ここでその直線性を否定される時間というものは、マルクス主義的な意味で「不均等」だ。明治維新からファシズムへと流れこむ、擬古主義という中心的なモチーフが反復される。ハルトゥーニアンが、本書を通じて、維新をグラムシの言う「受動的革命」となぞらえたり、「グローバルなファシスト的想像性」を連想させようとしたりすることが示すように、過去から現在へのこのような書き入れは日本だけに限られたことではない。

近代日本史への私の理解、そして実に歴史そのものの理解を変えた本だ。

5　Martin Dusinberre, *Mooring the Global Archive: A Japanese Ship and its Migrant Histories*, Cambridge University Press, 2023

社会的具体性と個人的経験に依拠したグローバルな歴史を描くことを試みる、思慮深く革新的な挑戦といえる本書は、近代やグローバリゼーションといった抽象的で、直線的なナラティヴに漫然ととどまることをしない。一八八〇年代から九〇年代にかけてハワイへ渡った日本人移民労働者を描き、この新しいディアスポラを労働者自身の視点から見ようと試みる。船というものは物質的であるとともに歴史的な場所でもあるから、船について論じることで、船が運んだ労働者や、彼らを送り込んだ政府の太平洋を股にかけた野望、そしてそれぞれの歴史を背景に造船会社、船主などの人々の姿を浮かび上がらせることができる。山城丸は、一八八八年にそのほとんどが西日本出身の九四五人の労働者を、ホノルルのサトウキビ畑へと運んだ。

だがこの話はそのように単純明解なものではない。第一に著者は歴史家として、彼の呼び方にならえば「グローバルなアーカイブ」を見つける必要があり、それなしには主題である労働者たちの人生や生活を新たに想像したり構築したりすることができない。著者は史学史エスノグラファーともいえるほどの探求者として、読者を旅にいざない、失望と興奮を繰り返しながら、公式・非公式文書には飽き足らず、絵画、写真、墓石、労働歌、そして見つけることのできるありとあらゆるものを探っていく。また彼はそのなかで女性移民やハワイ先住民族の強制排除をめぐるアーカイブの沈黙にも直面する。アーカイブの問題は彼が言うように、船それ自体よりも重要なのだ。

本書は、アーカイブの存在とその不在をめぐる、犯罪捜査を思わせる企てであり、「著作者メタデータ」に厳格に注目することで、私たちが過去を知り、語る方法について省察している良書だ。

犬塚　元

（政治思想史）

1　バジョット『イギリス国制論』遠山隆淑訳、岩波文庫

権力分立にもとづく大統領制と、権力が融合する議院内閣制は、政治制度として異質であり、三権分立は議院内閣制のもとでは成り立たない。いまなお政治学で盛んに論じられるこのテーマをめぐる古典が、読みやすい日本語訳でよみがえった。過不足のない訳注もすばらしい。一五〇年前の作品だが、議会政治がまともに機能するためにはどんな条件が必要か、などの問題設定はいまも古びない。

2　山口二郎『民主主義へのオデッセイ――私の同時代政治史』岩波書店

同僚の仕事を推すのは、私が考える書き手のモラルに抵触するが、その例外とすべき貴重な成果。日記にもとづいて、自らの関与や、さまざまな政治家・政治学者の関与や言動を明らかにしながら「平成デモクラシー」の政治史を辿るこの本は、トゥキュディデスやクラレンドンのように、政治に深く関与した人物が同時代史を綴る、歴史叙述のひとつの伝統に連なっている。まともな政治を求める情熱と、クールで冷徹な観察・反省の両立が印象的だ。山口はいまでは左派の代名詞のように語られることもあるが、ここには、左の教条主義や原理主義をずっと厳しく批判してきた足跡が記録されている。オデュッセウスの物語は、イタカに到達しなければ終わらない。

3　M・クーケルバーク『AIの政治哲学』直江清隆他訳、丸善出版

対話型AIは、悪しきバイアスを再現・拡大して、差別や不平等を再生産していないか。操作・管理される私たちは、もはや「スクロールしてはクリックするマシン」ではないか。現代政治理論のさまざまな成果を活用して、自由、平等、デモクラシー、権力、ポストヒューマニズムの五点から、AIに関わる政治学的な基本論点を網羅した好著。

4　名古屋市美術館・中日新聞社編『福田美蘭――美術って、なに?』中日新聞社

「盛り合せ音楽会」ならぬ「盛り合せ芸術祭」が好きで、玉石混淆ながらも分野の裾野の広がりが感じられる各地の地域芸術祭をだらだら巡るのが楽しい。他方、二〇二三年の個展では、ホックニーと福田美蘭が印象に残った。反復や模倣や読み替えのなかで創造を試みる福田の作品は、とりわけ思想史や文化史を学ぶ者の知的好奇心を刺激するだろう。

小谷　賢

（国際政治学）

1　フランシス・フクヤマ『リベラリズムへの不満』会田弘

継訳、新潮社

アメリカ社会の深刻な分裂に警鐘を鳴らした書で、表面からうかがい知れない現状について分析されている。従来の右左の対立のさらに外側に、極端な主張を声高に唱える左派が登場し、あらゆる少数派の権利が主張されるようになった。その結果、従来の穏健なリベラリズムが、右派からだけでなく、左派からも攻撃されている。筆者は個人主義と平等主義、改革主義を堅守する古典的リベラリズムへの回帰を説得的に説く。

2　クリス・ミラー『半導体戦争――世界最重要テクノロジーをめぐる国家間の攻防』千葉敏生訳、ダイヤモンド社

石油に匹敵する戦略物資、半導体をめぐる歴史を包括的に描いている。一九八〇年代に生じた日米貿易摩擦と半導体協定はセットで語られることが多いが、そこに至る過程やその後の経緯については意外と知られていないのではないか。さらに現状の米中対立では、半導体の供給が決定的な意味を持つようになっている。平易な文章で書かれているのも良い。

3　スコット・ジャスパー『ロシア・サイバー侵略――その傾向と対策』川村幸城訳、作品社

本年もサイバー・セキュリティの技術進歩を理解するために、様々な著作を紐解いたが、本書はサイバー技術と安全保障の関係を上手く説明しており、ベストの一冊であった。内容はオバマ政権以降のアメリカのサイバー・セキュリティ対策であり、日本でも話題となっている能動的サイバー防御や前方展開防御、攻勢作戦に至る概念が理解できたが、一読後の感想としては、むしろ日本の対応の遅れが気がかりだ。

4　桃井裕理・日本経済新聞社データビジュアルセンター『習近平政権の権力構造――1人が14億人を統べる理由』日経BP

読み物というよりは、データブックに近い内容だが、それでも習近平の生い立ちから現在に至るまでの過程を、丹念に取材し、その権力構造の解明に成功している。今後、中国が抱える困難な政治課題についても稿が割かれており、それらが日本にとっても対岸の火事でないことが理解できる。

斎藤　成也（人類学）

1　尾本惠市『蝶と人と　美しかったアフガニスタン』朝日選書

2　斎藤成也編著『ゲノムでたどる古代の日本列島』東京書籍

3　斎藤成也『ゲノム進化学』共立出版

1は、人類学における私の師匠が九〇歳にして刊行した著書である。今から六〇年前、留学中のドイツから蝶のコレクターである英国人と二人でアフガニスタンを訪問したときの

紀行文である。蝶を集めることが主な目的だったが、蝶のほかにも、美しい自然や人々を撮った写真が多数掲載されている。本書は六章で構成されている。第一章「蝶から人へ」は、ちょっとした著者の自伝である。第二章「ことのはじめ」は、本書の中心であるアフガニスタン調査がどのように実現したかについて、さまざまな蝶が登場しながら話が展開する。その後、第三章「首都カーブル到着」、第四章「幻の蝶を求めてヒンドゥークシ（山脈）へ」、第五章「アウトクラトール探査行を終えて」、第六章「パルナシウスをめぐる出来事」と続く。本書は、アフガニスタン、蝶、人類学という三種類の楽しみ方があるので、読者はどれかの部分に興味があれば、本書を楽しむことができるだろう。なお、私の研究室のＨＰに、本書の書評を掲載したので、興味のある方は読んでいただきたい。

２は私自身が関係した著書である。私が監修者となり、ほかに五人の著者（太田博樹、神澤秀明、菅裕、内藤健、山田康弘）が古代の日本列島について、ヒト、ウルシ、アズキなどについて古代ゲノムを駆使した自身の研究が語られている。なお彼らは私が領域代表をつとめていた文部科学省の新学術領域研究「ヤポネシアゲノム」のメンバーだった。

３は、私自身が刊行したゲノム進化学の教科書である。二〇〇七年に同じく共立出版から刊行した『ゲノム進化学入門』を大幅に改訂した内容になっている。三部構成であり、第Ⅰ部「進化は生物学を統合する」、第Ⅱ部「ゲノム進化のメカニズム」、第Ⅲ部「ゲノム進化の研究法」となっている。自分の本を紹介するのはこの読書アンケートの趣旨にはそぐわないとは思うが、了承されたい。

三原 芳秋 （英文学・文学理論）

１ ジャン・ジュネ『シャティーラの四時間』鵜飼哲・梅木達郎訳、インスクリプト、二〇一〇年

一二月、授業でサイードの「物語る権利」（一九八四年）をあつかった際に、それがたんなる「理論的」文章ではなく一九八二年九月のイスラエル軍によるレバノン侵攻（そして、サブラー・シャティーラの虐殺）に対する「時事的」（世俗世界的 worldly）な発言であり、出来事を「書き留めておく」実践にほかならないことを強調した。授業の日の朝、未明に準備をするなかでふと手にとったジュネの『シャティーラの四時間』をひさしぶりに読み返して、はげしく心が揺さぶられた。一〇月七日以来、いくつもの映像・報道を目にし、さまざまな解説・発言を耳にしてきたが、幾度も読んできたはずの本書ほど〈真実〉にふれているものには（いまだ）出会っていないように思う――「誰も、何も、いかなる物語のテ

クニックも……」（表題エッセイ冒頭）。また、この未明の再読において、以前は気づいていなかったのかもしれない「ジャン・ジュネとの対話」におけるライラ・シャヒードの発言が目にとまった――「で、君は、そのあいだ、なにをしたのか？ なにもしていない。なぜなら君の良心は平静だから。君はデモをしたから。で、いま君はなにもしない。これは芝居であり、西洋はこんな見せかけの実践に民主主義の存在を信じている」。

2 ドゥブラヴカ・ウグレシッチ『きつね』奥彩子訳、白水社、二〇二三年

学生の時分（一九九〇年代）によく読まれていたhistoriographical metafictionを思い出させる、〈批評〉と〈創作〉のあわいにあるような「小説」。歴史上の人物（ここではおもにスラヴ系の大作家たち）の人生＝物語における「脇役」や「脚注」への執着にも、どこかなつかしさを感じる。しかし、それが『バルカン・ブルース』（岩崎稔訳、未來社、一九九七年）の著者による最晩年の作品となると、なつかしいどころの話ではない。ユーゴスラヴィアの崩壊／内戦／ジェノサイドという「二〇世紀最後のヨーロッパの出来事」への「脚注《フットノート》」として今でも（今こそ）読まれるべきテクストを残した文学的証言者が、その人生のおわりに、内容的にも形式的にも破綻しかけている「小説」によって「生き残ることの野蛮さ」を語り遺したことの意義は大きい。それでも物語の〈はじまり〉を探し求めること、その前に「クズ」どもの物語をおわらせること……「時間に置いてけぼりにされた」怒れる亡命作家の、まさに〈晩年のスタイル〉である。

3 鹿野祐嗣『ドゥルーズ『意味の論理学』の注釈と研究――出来事、運命愛、そして永久革命』岩波書店、二〇二〇年

机上に平積みしながら三年が過ぎ、夏休みにやっと手に取ることができた大著。ただいったん読み出すと、ぐいぐいと引っ張られるようにして最後まで堪能した。三〇代前半の若手研究者による、まさに「学」の悦びがあふれでるような書物。「精神の真のアナーキーには、つねにトーリー（伝統的保守主義者）の趣がある」という格言を思い出す。先行する特定のドゥルーズ研究者をこき下ろす態度には若干「若気の至り」を感じもするが、それもふくめて、後生畏るべし。

（アメリカ研究）
生井 英考

おそらく俗語なのだろうが、香港では英語のことを「鶏腸」というのだそうだ。六声もある広東語の発音だと gai1 chong2 で、つまりは「鶏モツ語」である。

それを教えてくれたのがカレン・チャン『わたしの香港――消滅の瀬戸際で』（古屋美登里訳、亜紀書房）。著者は

『香港フリープレス』の記者らしい。らしいというのは本を読んでいるだけだと、いまひとつどういう組織で仕事をしているのかわからないからだが、どうもそれは著者自身の個人的な来歴にも関わっているようだ。中国の深圳で生まれて香港で育ち、小さな輸入商社をいとなむ父親が少々裕福だったことで、時期に地元のインターナショナル・スクールに学んだことで、英語での読み書きを自由にするようになった彼女は、大学生時代にライター稼業に入るが、同級生たちに「また鶏腸で書いてるんだね」といわれるたびに「ごめんね、ごめんね」と謝っていたという。

英語を自由に操ることは香港では明らかに上位の階級の特権と自由を手にすることだが、他方では地元の店で「ＡＢＣ」（American-Born Chinese）と見くびられたりもする。「アメリカに留学したことも、ニューヨーク・シティで生活したこともない」のに。

「白人のライターには書けない記事を書ける程度に「地元的」で、海外の読者に向けて香港のことを知らせる程度に「国際的」」な彼女。その自意識はいわゆる多言語話者のジレンマに共通のものだろうが、自らを「言語を裏切る者」と呼ぶ思いはそこだけではない。

二〇一四年の雨傘運動のあと、一九年のデモが始まるまでのあいだ、彼女が通信員をつとめる香港に駐在する英米系の特派員たちは「退屈だ」と彼女に言った。「催涙ガスが登場しないのでつまらないという意味だ」。

ヴェトナム戦争のころから幾度となく、幾人となく繰り返されてきた問題がまた姿を現す。いつにもまして心騒ぐことの多かった年の瀬に、思いを新たにした。

和田　忠彦

（イタリア文学）

1 山田稔『メリナの国で――新編　旅のなかの旅』編集工房ノア

2 岡﨑乾二郎『頭のうえを何かが』ナナロク社

3 栩木伸明『ポール・サイモン全詞集を読む』国書刊行会

4 澤田直『フェルナンド・ペソア伝――異名者たちの迷路』集英社

5 高柳誠『輾転反側する鱏たちへの挽歌のために――高柳誠詩集』ふらんす堂

1 師とよべる人がほとんどこの世を去ったせいもあって、毎号『海鳴り』誌が届くと、まず表紙に刷られた目次に山田稔の名があるのを確かめ安堵してから頁を繰る。自選集三冊につづいてこの春同じ版元から、著者自身が新たに編んだ三篇を、それぞれ久しぶりに読む。春のギリシャ、冬のアンダルシア、初夏のローマ――半世紀の隔たりを忘れて、旅の出来事をつづる著者といっしょに、歩き、見る、うちに物語に流れる感情にふれ寄り添っている、そんな読書体験だった。

2　病を得て「再び見出された幼年期」のなかで思索と表現がめざましく縒り合わされていく記録を敬意と驚嘆とともに見る。「キャプション」と位置付けられた、ぱくきょんみの言葉のあたたかでしなやかなこと。

3　対象を大滝詠一と同類の〈出会う名人〉と名付ける著者自身が、けっして気負わないからこそ、新たな〈世界〉との出会いを己の内で「創作の動力へと転用する」ことを可能にし、幸福な〈出会い〉を読者にもあたえてくれた。

4　著者の半世紀近い伴走の結実が画期的な著作として現れたことを慶ぶとともに、けっしてかたちの定まらない〈わたし〉をめぐるふかく美しい思索の書が「評伝」として括られることへの戸惑いも告白しておきたい。著者によるさらなる訳業を愉しみにしながら。

5　果断にして端整な〈余白〉や〈行間〉への挑戦と、切断を禁じられた循環構造のなかで、またしても優雅に振る舞う詩人に羨望と敬意を。

（作家）

瀬名　秀明

1　ケヴィン・レイランド『人間性の進化的起源――なぜヒトだけが複雑な文化を創造できたのか』豊川航訳、勁草書房、二〇二三年

2　西村京太郎『石北本線　殺人の記憶』文藝春秋、二〇二一年

3　鳥集徹・藤江成光・闇のダディ『世界を欺いたコロナワクチン』宝島社新書、二〇二三年

4　今井むつみ『学びとは何か――〈探究人〉になるために』岩波新書、二〇一六年

5　Georges Simenon, *The Family Lie*, translated by Isabel Quigly, Harcourt Brace Jovanovich, 1978

二〇二三年も自分がほとんど何をしていたのか憶えがない。前半は拙共著『知の統合は可能か――パンデミックに突きつけられた問い』（時事通信出版局、二〇二三年）の付録として無償公開した「新型コロナウイルス感染症（COVID-19）に関する書籍リスト」の作成でほぼ消えてしまった。書籍と雑誌あわせて三〇〇〇冊以上のリストを、まずは残すことができた――もちろん不備や漏れもあったが、それ以上に痛恨事だったのは『知の統合は可能か』の最終章を書くまで**1**を読む時間が取れなかったことだ。私たちヒトは互いに学び合い、教え合うことができる。そうした社会的知能を獲得できたために、人間社会で創造的な文化進化が生まれたのだと論じる本書の核心部は、まさに未来の総合知を考えるいちばん

の指針となり得る。そのことを共著者の渡辺政隆さんが単行本出版後に『日本サイエンスコミュニケーション協会誌』に書いてくださり、それを読んでようやくひとつの仕事を成せたと感じた。

リストをつくりながら未知の世界をいくつも知った。西村京太郎氏は今回のパンデミックを題材に、三冊もの推理長篇を書き上げている。手に取ってみるとそれぞれストーリーに変化をつけて読者を飽きさせない工夫を凝らしているのだから、亡くなるまで西村氏は真にプロの作家を貫いたのだと感銘を受けた。そして賛同はしない3をあえて挙げたのは、反ワクチン派の著者らの鼎談や随筆のなかに、こちらをはっとさせる人間の本音がいくつも認められたからだ。「こっちはワクチンを打たず、マスクもせず、みんな仲良く楽しくやっているよ」「同じ価値観を共有できる人たちとたくさん出会うことができました」「「思いやりワクチン」という言葉こそ「つくられた優しさ」であり、まやかしではありませんか」――この日本では「思いやり empathy」を促すのはすなわち同調圧力であるのだ、という指摘にはがつんと頭を殴られた思いがした。半分は真実だと私は思う。しかしなんと私たち人間は、些細なきっかけからおのれの信念の方向を大きく変えて、そして元に戻ることのできない生きものであろうか。私たちは誰もがみな、自分の判断は科学に基づいた正しいものだと思っている。しかしそれは疑似科学を批判する人々においても例外ではなく、科学の側に立つかに見える彼らもまた一部では信念に縛られるあまり誤った主張を繰り返し、本質を見失うことがあるのだ。そして科学の名のもとに、正義を胸に抱いた者たちによって、それらの言説もまた拡散してゆく。

では私たちにとって〝本質〟とは何だろう。年末に4を読み、粘り強くあること、自分が「間違っている」と理解し修正できること、自分で工夫しながら考えること、という著者の指摘に同意し、心に沁みたが、一方パンデミックを経てますます世間では逆の意見が拡がっているのではないか。素人が下手に考えたら必ず間違いを犯す、だから状況判断は政府や省庁や専門家に任せて、市民はそれに従う方がよい。日本は自由主義が強すぎる、もっとパターナリズムを導入して、怪しげな健康食品などすべて取り締まる方がよい――。多くの人はもうパンデミックを忘れつつある。だが本当にそうした意見は学びの〝本質〟だろうか、と、いまも私は本当の専門家の声を聞きながら考えている。

月に一冊、執筆順にジョルジュ・シムノンを読む習慣は続いている。二〇二三年は *Malempin*（一九四〇年）の英訳版である5がとりわけ心に残った。シムノンの世界ではついに欧州は戦争へと入った。

小野寺　拓也

（ドイツ現代史）

二〇二三年も、ドイツ近現代史関連の新刊は多かった。トーマス・ニッパーダイ『ドイツ史1866–1918――労働世界と市民精神』（大内宏一訳、白水社）、ディーター・ランゲヴィーシェ『統一国家なき国民――もう一つのドイツ史』（飯田芳弘訳、みすず書房）など、定評ある文献が翻訳されたことは非常に意義深い。ただ今回も、学術的な重要性という観点だけではなく、読書の「歓び」を堪能できた五点をドイツ近現代史に限らず挙げたい。

1　マクシム・レオ『東ドイツ　ある家族の物語――激動のドイツを生きた、四代のファミリーヒストリー』木畑和子訳、アルファベータブックス、二〇二二年

ナチズム〜東ドイツにかけての、ある家族の四代にわたるファミリーヒストリーだが、個人と社会が切り結ぶ関係の複雑さ、多面性がミクロな次元で描き尽くされており、圧巻の一言。「人間の生きざまを通じて政治や社会を見る」という、評者が理想とする歴史叙述が実現されていると感じた。

2　縄文ＺＩＮＥ編『土偶を読むを読む』文学通信、二〇二三年

「専門知批判」が「専門知否定」に容易につながってしまう現代社会において、研究者は社会に対してどのように向かいあうべきかという、極めて切実なテーマを扱う。思いつき自体が悪いわけではない。重要なのはそれを出発点にして、編年や出土状況など学問の蓄積と格闘すること。学問の軸は「研究史」にあることを痛感させられる。

3　平井和子『占領下の女性たち――日本と満洲の性暴力・性売買・「親密な交際」』岩波書店、二〇二三年

徹底的に文献資料を読み込んだ第一、二、六章。地を這うような粘り強い聞き取り調査の成果が提示される第三、四、五章。可能な限り全体的な構造を見通した上で、当時を生きる人びとの「エージェンシー」を次々と掬い上げる。粘り強く研究を続ければ過去をここまで掘り起こすことができるのだという、歴史研究者への励ましの書でもあろう。

4　石田圭子『ナチズムの芸術と美学を考える――偶像破壊を超えて』三元社、二〇二三年

画家エミール・ノルデを扱う第一章と、ナチ期の「戦争画」をイギリスのそれとの比較で論じる第二章がとくに興味深い。ナチ期〜戦後初期を貫く分析から見えてくるのはナチ芸術の多面性、そして人びととナチ体制の間の「部分的一致」が造り出す複雑さである。さらに言えばそれは、「特殊ナチ的」要素とは何だったのかという問いでもあるだろう。

5　五十嵐元道『戦争とデータ――死者はいかに数値となったか』中公選書、二〇二三年

タイトルから受ける印象とは異なり、国際人道法の発展や人権ＮＧＯ、国際組織、科学的専門機関などによるネットワークの歴史を構造的に理解できる、きわめて視野の広い著作である。科学的に信頼性の高いデータであっても、それが社会的に受容されるとは限らない。データはあくまで一つの「切り取り」であって、あらゆるニーズを満たすとは限らないという著者の指摘には、深く考えさせられた。

宮﨑 裕助（哲学）

1 フィリップ・ラクー＝ラバルト、ジャン＝リュック・ナンシー『文学的絶対——ドイツ・ロマン主義の文学理論』柿並良佑・大久保歩・加藤健司訳、法政大学出版局

カントの形而上学批判という哲学の戦場のただなかから誕生した初期ドイツ・ロマン主義は、文学と芸術による革命の可能性をもっとも遠いところまで追究した、近代初の画期的な企てだった。その射程をほぼ半世紀前に解明していたそれ自体革命的な書がついに日本語で完訳された。初期ドイツ・ロマン主義の資料集という性格も兼ね備えた本書は、充実した訳註によって現代の日本語読者の理解を促してくれる。

2 カレン・バラッド『宇宙の途上で出会う——量子物理学からみる物質と意味のもつれ』水田博子・南菜緒子・南晃訳、人文書院

ひところ現代思想業界を賑わした実在論はどうなったのか。メイヤスーらとは別に、ボーアの量子力学の知見を新たな実在論として展開する試みが存在していた。その代表作が本書である。ハラウェイの立論からポスト反省理論として「回折」概念を展開している点、バトラーの批判的展開として「エージェンシャル・リアリズム」（作動実在論）を打ち出している点など、フェミニズム理論の再解釈にも結びつく達成をなし、真の領域横断的な知を実現している。

3 東浩紀『訂正可能性の哲学』ゲンロン

本書は、四半世紀前に出たデビュー作『存在論的、郵便的——ジャック・デリダについて』（新潮社、一九九八年）を出発点として紡がれつづけてきた著者の思考の集大成である。といって本書は回顧の書ではなく、たいへん読みやすい筆致によっていわば著者の哲学的な生そのものを具現する文章として練り上げられており、その思考が「訂正可能性」の概念へと結実している。この概念は、未来の見えない現実で試行錯誤をくり返さざるをえない私たちの生を励ますものだ。本書の達成は見事であるだけでなく、感動的ですらある。

4 古田徹也『謝罪論——謝るとは何をすることなのか』柏書房

ＳＮＳが世論を動かす現代は「正義」の遍在化とその暴走

に翻弄されている。正しくあろうとすることは必要だが、間違わずにいられる人もいない。本書は「謝る」という日常的な言語行為の境界事例に着目することで、罪、責任、誠意、償い、赦しといった哲学的概念の奥行きを浮き彫りにしてみせる。本書が謝罪の正しい仕方を教えてくれるハウトゥ本か何かと思った人は間違いだ。読者が立たされるのは、人間という不条理な存在に課された迷宮への入口なのである。

5　レイ・テラダ『メタ人種的――ヘーゲル、反黒人性、政治的アイデンティティ』（未邦訳 Rei Terada, *Metaracial: Hegel, Antiblackness, and Political Identity*, The University of Chicago Press）

『精神現象学』の「主人と奴隷の弁証法」の背景にハイチ革命の影をみることでヘーゲルの人種主義を普遍主義へと展開したのはスーザン・バック゠モースだったが、反人種主義を担うべき普遍主義自体が、反黒人の隠された人種主義に帰結してしまうとすればどうか？　かつてバリバールとウォーラーステインが提案した「メタレイシズム」を思わせる本書の「メタ人種的」の概念は、啓蒙主義の反復する人種主義の逆説を、ヘーゲルの否定性概念にむしろ忠実であることで鋭く突きつけている。

郷原　佳以

（フランス文学）

1　金川晋吾『いなくなっていない父』晶文社

「書く」ということをしながらひとはこんなに正直で、不器用であることができるのか、とほとんど一文一文驚嘆し、ときに笑いながら、ときに泣きながら読んだ。著者が中高生の頃からときどき失踪していた父を（もちろん失踪していないときに）撮った写真集『father』（青幻舎、二〇一六年）を出した後で、父が「失踪する人」とみなされることに違和を感じた著者は、あらためて父を撮り、そのことについて考え、写真を語る。後半は日記なのだが、著者についての番組を作る富士本さんというＮＨＫのディレクターが強烈で忘れられない。小説のようだった。

2　鵜飼哲『いくつもの砂漠、いくつもの夜――災厄の時代の喪と批評』みすず書房

詩とは何かという問題と翻訳とは何かという問題は切り離せない。それはデリダにおいてハリネズミという動物の形象で捉えられている。この問題について考えるときには鵜飼哲の考察を経由する必要がある。『抵抗への招待』（みすず書房、一九九七年）から二〇二二年の編著『動物のまなざしのもとで――種と文化の境界を問い直す』（勁草書房）に収められた論考に、本書の「ハリネズミの白」が加わった。

3　藤井貴志『〈ポストヒューマン〉の文学——埴谷雄高、花田清輝、安部公房、そして澁澤龍彦』国書刊行会

花田清輝と安部公房における無機物への偏愛、埴谷雄高と澁澤龍彦における単性生殖の夢想の背後にポオやシュペルヴィエル、バタイユやリラダンといった存在が次々に見出されてゆくのは、仏文研究者にとって点と点が繋がるような快感があった。本書を読む前に原大地の『ステファヌ・マラルメの〈世紀〉』（水声社、二〇一九年）を読み直し、ボードレールが不毛を詠っていたことを確認していたので、西洋にも日本でもそのような男性作家の系譜があり、しかし逆説的にも彼らはどこかでマッチョであると感じることになった。

4　石川義正『存在論的中絶』月曜社

きわめて現実的な、誰もが当事者にならないとは言えない生々しい問題を扱い、私的な逸話にも触れながら、プラトン、アリストテレス以来の哲学の根本的に優生学的な本質を暴き、それをある種の偶然性と無限性によって転覆し、脱構築するという、途方もなく挑戦的な、読んだことのないタイプの論考である。本書を読んだら反出生主義などという生温いことは言っていられない。

5　E・ロワイエ、P・マニグリエ編『ヤーコブソン／レヴィ＝ストロース往復書簡——1942-1982』小林徹訳、みすず書房

昨今、「フランス現代思想」における構造主義の扱いが軽くなっているが、構造主義を開花させた立役者二人にはまだ掘り下げるべきところがあった。書簡も興味深いが、レヴィ＝ストロースが「マルセル・モース論文集への序文」で登場させ、後続する構造主義、ポスト構造主義に多大な影響を与えた「浮遊するシニフィアン」概念の典拠となったヤーコブソンの「ゼロ音素」についての論文が初めて訳されたのが快挙だ。訳者に感謝したい。

今村　真央

（東南アジア史）

1　Jonny Steinberg, *Winnie & Nelson: Portrait of a Marriage*, William Collins, 2023

ネルソン・マンデラとウィニー・マディキゼラの評伝。この二人についてはすでに数多くの伝記が書かれてきたが、その多くは過度の神格化に加担してきた。本書は、近年初めて公開された南アフリカ政府の機密文書（盗聴の記録）と多数の関係者への聞き取りをもとに、マンデラ夫妻を歴史の中に生きた二人の個人として立体的に描くことに成功している。J・M・クッツェーが高く評価しているので、私も手に取ってみた。

本書は、ネルソンとウィニーの超人的な強さも衝撃的な弱

さも白日のもとにさらした上で、各々の戸惑いと怒りと悲しみを深く掘り下げている。アパルトヘイト政権の徹底的な弾圧の下、ウィニーとネルソンが手を取りあい、支え合ったことはよく知られている。しかし二人は同時に騙し合い、傷つけ合う関係でもあった。恋愛関係でも政治運動でも、二人のあいだには深い溝があった。いまだに人種間格差に苦しむ南アフリカ社会の縮図をこの二人の関係に見出す最終章は特に洞察に満ちている。読者は、ミャンマーやパレスチナなど武装闘争が続いている他の地域にも思いを馳せるかもしれない。（ちなみに、二〇一三年にネルソン・マンデラが死去した際、ネタニヤフ首相含めイスラエル首脳は誰一人追悼式に参列しなかった）。

2　Philip Kennicott, *Counterpoint: A Memoir of Bach and Mourning*, W. W. Norton & Company, 2020

『ワシントンポスト』紙文化部のベテラン記者による異色のバッハ論。同年代の音楽評論家アレックス・ロス（『20世紀を語る音楽』柿沼敏江訳、みすず書房、二〇一〇年や『これを聴け』同、二〇一五年）と同様に、著者は若い頃にはピアニストになることを真剣に目指していた。しかしその夢は叶わず、大学では哲学を専攻し、卒業後にジャーナリストになる。音楽から政治まで幅広い分野で活躍してきたが、母の死後にバッハを再発見する。なぜか取り憑かれたかのようにバッハばかりを聴くようになり、ついには自身がゴルトベルク変奏曲の猛練習を始める。若い頃からのすでに何度も聴いたことのある作品が、異なる音楽として耳に入ってくることに著者は驚かされ、音楽作品を知るとはいったいどういうことなのか、そしてそれは人を知ることとどう違うのか、という根本的な問いを追究している。作曲家の伝記や難解な音楽理論に過度に依存することなく、回顧と内省が起点の新鮮な音楽論。研ぎ澄まされた文章が美しい。

川端　康雄

（イギリス文学）

1　結城正美『文学は地球を想像する――エコクリティシズムの挑戦』岩波新書、二〇二三年

2　斎藤真理子『本の栞にぶら下がる』岩波書店、二〇二三年

3　ジョン・ラスキン『フィレンツェの朝』井上義夫訳、みすず書房、二〇二三年

4　イーヴリン・ウォー『無条件降伏――誉れの剣Ⅲ』小山太一訳、白水社、二〇二三年

5　Robert Tressell, *The Ragged Trousered Philanthropists*, Oxford University Press, 2008

1は環境文学研究の実践の試み。いわゆる「実学」に入らない文学には「法律や政策のような実効性がない」のではあ

ろうけれども、「意味を成す物語に接してはじめて実感をもって現実と向き合えるのだとすれば、そこに文学特有の実効性があるのではないか」（まえがき）。ソロー『森の生活』、石牟礼道子『苦海浄土』、梨木香歩『雪と珊瑚と』、アレクシエーヴィチ『チェルノブイリの祈り』、カズオ・イシグロ『クララとお日さま』といった作品の読解をとおして、切迫した環境危機を想像する手立てとしての物語の力に迫る。

2は韓国文学の翻訳でたくさんのよい仕事を重ねてきた著者による読書エッセイ集。その一篇「敗北者が読むジョージ・オーウェル」は朝鮮半島の人びとの過酷な経験と『一九八四年』の重なり合いが論じられていて強く印象に残った。読んでいると自然と呼吸が落ち着いてくるような静かな文体が魅力で（「中村きい子の激しさに打たれる」という話題であってもそれは変わらない）、さらにもっと読んでみたいと思わせる。

3は英国一九世紀を代表する美術批評家ジョン・ラスキンによるフィレンツェ美術観光案内の初の日本語全訳。美術観光案内といっても、古都フィレンツェにあるもっぱらジョットに帰せられた作品群を一週間（それも朝だけ）集中的に見てまわるという趣向で、これが分冊で刊行された一八七〇年代半ば以降、もっと一般的なジョン・マリーやベデカーのガイドブックと併用して英国人観光客によく用いられた（フィクションだが、E・M・フォースターの一九〇八年の小説『眺めのいい部屋』で主人公のルーシー・ハニーチャーチはそうしている）。ジョット（とその周辺）がお好きな方で当地を訪れる機会があれば、これを携帯してサンタ・クローチェやサンタ・マリア・ノヴェッラを訪ねてご覧になるのも一興だろう。

4は英国二〇世紀の作家イーヴリン・ウォーによる第二次世界大戦の従軍経験に基づく『誉れの剣』三部作（第一部は『つわものども』、第二部は『士官たちと紳士たち』）の完結編。この大作の完訳をじつに見事な翻訳で成し遂げた訳者を――その学識と文才を――祝福したい。

5は二〇世紀初頭に書かれた英国のプロレタリア小説。タイトルの「ぼろズボンを履いた慈善家たち」というのは支配階級に搾取されながらその状態に甘んじている（貧困の極みにありながら社会変革を志向せず、低賃金の労働で金持ちに貢いでいる）労働者を示す皮肉で、英国南部の小都市で家屋の内装工事に雇われた労働者たちとその家族の苦境が語られる。友人の英文学者武藤浩史氏に誘われてこれの読書会に参加して細かく読む機会を得た。その小説世界は一九世紀後半の草創期の社会主義運動を反映していて、私の問題関心としてはウィリアム・モリスからジョージ・オーウェルへとつながる英国社会主義のひとつの系譜に位置づけられるように思われる。このオクスフォード版は詳細な編者注が附されていてありがたい。なお、同書は半世紀前に『とんまの里』というタイトルで日本語訳が出されている（村木淳訳、多摩書房、一九七一年）。

三島憲一

（ドイツ思想）

1 小林昭博『クィアな新約聖書――クィア理論とホモソーシャリティ理論による新約聖書の読解』風塵社

偶然に近所の書店で見つけた本。イエスは実はクィアだった可能性がある。「私のことを愛しているか」としつこく三度もヨハネに尋ねたり、また他の弟子とも同じような応答をしている。愛の共同体としての教会というにはあまりに嫉妬深くもあり、個人的だ。ここには古代地中海世界に、ということはギリシア哲学における師弟愛と共通のホモエロティクスとホモソーシャルの結合があるのではなかろうか、というのが骨子だ。またクリスマス神話もおかしい。そもそもルカ福音書第二章には、アウグストゥス皇帝による全土での新たな住民登録に関する勅令によってマリアとヨゼフはベトレヘムに戻ったとあるが、今のローマ史研究では、そんな命令はなかったことになっている。ルカ自身の存在があまり確かでないことを別にしても、まさにでっちあげだし、そもそもが臨月のマリアをロバに乗せて一〇〇キロ以上も荒野を旅するなど、女性をなんと思っているのか、子供を産む機械ぐらいにしか思っていない、男性中心主義もいいところ……。ミソジェニーの精神からの新しい宗教の誕生という理解だ。こうした議論のゆえに時流に応じた聖書解釈にすぎないかと思う方もおられるかもしれないが、そんなことはない。そもそも解釈というものについての一八世紀の歴史的聖書批判に始まり、ガーダーマーの解釈学に至る知的反省をおさえての議論だ。キリスト教内部で定着した習慣的思考に挑む、こうした刺激的な解釈もあくまで一つの「可能性」、我々の時代を考えるための聖書の新たな読みの可能性として提示されている。著者は、司牧のつとめをしながら、酪農系の大学の教員として、最先端の議論を踏まえつつ、現場の実践とつなげた議論を展開している。日本のプロテスタント教会は一九七〇年前後には田川健三など、学生反乱を背景とした議論が、「業界」を越えて知的刺激を与えたが、その後は静かでつまらなくなっていると小生は考えていた。戦後の皇室との密かな交流を批判する議論が燻っていることは千葉眞氏に教えていただいたが、それも内輪揉めの印象だった。ところが、ところがである。こうしたすごい本が出た。すごい本の背景には著者個人の問題意識だけでなく、そうした先鋭化を生み出す背景があるはずだ。ジュディス・バトラーも引かれている。聖書にまつわる最近の議論をもう少し勉強したくなった。

2　玉川裕子『「ピアノを弾く少女」の誕生――ジェンダーと近代日本の音楽文化史』青土社

　音楽学校を出ても一流演奏家として「食べていける」のはごく少数。あとは結婚後、ピアノ教室のレッスンでプチ贅沢のためのお金を稼ぐぐらい。それなのに、ある時期までの日本では多くの親が娘を音楽学校に入れるための教育に大金を注ぎ込んだものだ。著者は明治以来の洋楽導入の歴史を特にピアノに即して、多くの女性雑誌、さらには洋楽導入にそれなりの役割を果たした三越の資料を用いてたどる。ドイツでも、女性教育に音楽、特にピアノは重要だった。女性はしとやかかつ控えめで音楽も嗜むのが良い、しかし、群を抜いて上手だとろくなことはない、というのが市民社会の教養のイデオロギーだった。グートマンなどに代表されるこうした発想は、直輸入というより、日本でもおのずから山の手の教育に実現していく。その背後にはどんな考え方が、あるいはどんな力学がひそんでいたのだろうか。教養、文化といった基本語彙に根本的な懐疑を抱く著者がジェンダー論も視点に入れながら資料を駆使して論じている。思い出されるのは、「世界中のコンサート・ホールに通じていることが教養なのではない。教養とは変えることだ」と入学式の学長演説で述べたホルクハイマーの言葉だ（「教養の概念について」）。

　ジェンダー論といえば、すでによく言われていることでもあるが、フェリックス・メンデルスゾーン＝バルトルディの姉ファニー・ヘンゼル（旧姓メンデルスゾーン＝バルトルディ）は弟をも凌ぐ才能がありながら、作曲家および演奏家の道を進むことができなかった。父は娘に「女性の本来の職業、つまり主婦になる義務」を説いていた。女性であったため彼女の曲は音楽史でも、最近まで位置が低かった。著者はそうした具体例も取り上げながら、「東洋と西洋」「日本とヨーロッパ」というよくある枠組みを越えた論じ方をしているのも見事。そういう著者も、本人が頼みもしないのに親がピアノを買ってくれ、やがて一流音大を卒業し、今ではそこのドイツ語教員。そうした進路への懐疑は、音楽関係者に読んでほしい自己還帰的な理論性を持っている。

板橋　拓己　（国際政治史）

1　ドミニク・ゲッパート『ドイツ人が語るドイツ現代史――アデナウアーからメルケル、ショルツまで』進藤修一・爲政雅代訳、ミネルヴァ書房

　二〇二三年はドイツ近現代史関連の本が実に豊作だった。研究書では、衣笠太朗『ドイツ帝国の解体と「未完」の中東欧――第一次世界大戦後のオーバーシュレージエン／グルヌ

ィシロンスク』（人文書院）といった博士論文を基にした若手の単著から、北住炯一『ドイツ連邦憲法体制の成立――連合国・基本法・連邦主義』（成文堂）や栗原優『ヒトラーと第二次世界大戦』（ミネルヴァ書房）といったベテランの大著まで。また一般書では、小野寺拓也・田野大輔『検証 ナチスは「良いこと」もしたのか？』（岩波ブックレット）が周知の通り話題作となった。ディーター・ランゲヴィーシェ『統一国家なき国民――もう一つのドイツ史』（みすず書房）をはじめ、基本書・話題書の翻訳も多かった。このゲッパートの訳書は、最新のドイツ連邦共和国の通史であり、刺激的な洞察に富む好著である。ドイツ史研究者の数が少なくなっていることは否めないけれども、だからこそこうした良書の蓄積が、後世にとって重要なものとなるだろう。

2 中田潤『ドイツ「緑の党」史――価値保守主義・左派オルタナティブ・協同主義的市民社会』吉田書店

現代民主政治の起点が一九七〇年代にあることは、政治学者のあいだでもある程度の共通了解がある。エコロジーの政治争点化はその代表だろう。そしてドイツでは、環境政党と呼ばれた緑の党が、いまや国政を担う一大政党の地位を確立している。しかし、エコロジーが政治争点化され、緑の党が成立する経緯は、実のところ混沌としており、単純なサクセスストーリーでは語れない。本書は、膨大な史資料やインタビューを駆使して、一九七〇年代の実に雑多な（急進右派から共産主義者まで）勢力が緑の党に結集し、それゆえに躍進するも党内対立に苦しむ姿を活写する。本書は登場する勢力・人物やエピソードの細部が面白いのだが、同時に「協同主義」という社会秩序概念（その対となるのは「（新）自由主義」である）の盛衰というかたちで二〇世紀史を把握する大きな絵も提示している。

3 野村真理『ウィーン ユダヤ人が消えた街――オーストリアのホロコースト』岩波書店

ウィーンのユダヤ人社会の消滅について、その前史から戦後の補償や歴史政策の問題までを辿った良書。ホロコーストは「第二次世界大戦中のナチ・ドイツ支配下のヨーロッパで起こった互いに連関し合う出来事の総体」であり、それを研究するには、それが起こった現地の歴史への理解と、全体の連関のなかでの把握が求められる。つまり、歴史のタテとヨコを調べ尽くさねばならないのだ。すでに一九九九年に『ウィーンのユダヤ人――一九世紀末からホロコースト前夜まで』（御茶の水書房）を著し、その後もガリツィアのユダヤ人史（『ガリツィアのユダヤ人――ポーランド人とウクライナ人のはざまで』人文書院、二〇〇八年）や、リーガやミンスクでのユダヤ人大量殺戮に関する研究を進めてきた著者だからこそ、書けた本だと言えよう。

4　塩川伸明編『ロシア・ウクライナ戦争――歴史・民族・政治から考える』東京堂出版

ロシア・ウクライナ戦争について、歴史的背景、現代ウクライナ政治、歴史認識をめぐる問題、国際秩序との関連を、それぞれの専門家が平易に論じた書。二〇二二年二月のロシアによる侵攻開始から多くの本が刊行されたが、少なくとも小泉悠『ウクライナ戦争』（ちくま新書、二〇二二年）と本書は、この戦争を理解するための基本書として残り続けるだろう。

5　ヤマシタトモコ『違国日記　11』祥伝社

周知の名作であり、自分が挙げるまでもないとは思うのだが、二〇二三年はこの物語の完結を見届けることができてよかった。

松本　俊彦

（精神医学）

二〇二三年は、人類と精神作用物質との関係を考えながら、様々な書籍や文献を渉猟する一年であった。そのなかで、読み物としての面白さが突出している本が二冊あった。一つは、トム・スタンデージ『歴史を変えた6つの飲物――ビール、ワイン、蒸留酒、コーヒー、茶、コーラが語るもうひとつの世界史』（新井崇嗣訳、楽工社、二〇一七年）だ。本書は、一般に広く親しまれている嗜好品飲料が、人類の歴史にいかに大きな影響を与えたのか――その影響は、ハラリのいう意味での人類史における農業革命と科学革命はもとより、政治構造の革命にもおよんでいる――をスリリングな筆捌きで楽しく教えてくれる一冊だった。

もう一つは、マイケル・ポーラン『意識をゆさぶる植物――アヘン・カフェイン・メスカリンの可能性』（宮﨑真紀訳、亜紀書房、二〇二三年）だ。本書では、アヘン（鎮静系）、カフェイン（覚醒系）、メスカリン（幻覚系）という、異なる薬理作用を持つ三つの精神作用物質が取り上げられ、それぞれの原材料となる植物――ケシ、コーヒーノキ、茶、ペヨーテ（サボテン）について、著者の博識と経験が縦横無尽に語られている。これらの薬理作用には、「逃げも隠れもできない」定住性を運命づけられた植物の生存戦略として重要な意味がある。たとえば、依存性は虫を媒介した花粉散布に、そして催幻覚性は捕食動物からの自衛に役立つ。改めてそういわれると、不思議な知的興奮を覚えた。さらに本書で語られる、これら小さき植物をめぐって人間が織りなす歴史――戦争と征服、あるいは産業発展の歴史――には、心地よいめまいを感じた。

それから、もう一冊、薬物依存症対策のあり方を考えるうえで参考になった本も挙げておきたい。エリック・クリネンバーグ『集まる場所が必要だ――孤立を防ぎ、暮らしを守る「開かれた場」の社会学』（藤原朝子訳、英治出版、二〇二一年）だ。本書によれば、広場や公園、あるいは図書館といった人々に開かれ、多様な人々を包摂する場所を持つコミュニティは、災害やパンデミックのみならず、オピオイド・クライシスのような薬物乱用エピデミックにも強い抵抗力を持つという。薬物に対して厳罰政策を貫き、もっぱら薬物とそれを使う人を社会から排除することに血道上げるわが国――わが国では、市販薬や処方薬などの医薬品、あるいは、大麻グミのような脱法的薬物の乱用が年々増えている――に思いを馳せ、ため息が出た。

神庭 重信（精神医学）

二〇二三年は、宗教学を専門とされている島薗進氏とスピリチュアリティに関して対談することが二度ほどあり、スピリチュアル・ペインやスピリチュアル・ケアに関する書籍や論文を読み漁った。その中から五冊を紹介したい。スピリチュアリティは日本語にぴったりと対応する言葉がなく、カナ書きで使われている。あえて言えば「宗教性」あるいは「霊性」に最も近いかもしれない。氏との対談は、人間とは何か、生きがいとは何かを考える機会となった。

1　島薗進『なぜ「救い」を求めるのか』ＮＨＫ出版、二〇二三年

カール・ヤスパースの「限界状況」など、魂のレベルでの苦しみを抱えた人が希求する超越者あるいは霊性との関係を、宗教学者である島薗氏が概観し、一般読者向けに執筆した書。

2　島薗進『ともに悲嘆を生きる――グリーフケアの歴史と文化』朝日選書、二〇一九年

愛する人との死別、大きな挫折経験への心理反応として私たちは悲嘆を経験する。悲嘆している者へのケアがグリーフケアである。本書は、悲嘆の文化人類史を辿りながら、「ともに悲嘆を生きる」グリーフケアの今日的な役割について紹介した本である。

3　窪寺俊之『スピリチュアルケア入門』三輪書店、二〇〇〇年

一九九〇年に世界保健機関は、がんの緩和医療におけるスピリチュアル・ケアの重要性を表明した。著者の窪寺氏は、ホスピスで知られる淀川キリスト教病院のチャプレンを務めた牧師である。死に直面した患者は、人の力の限界を知り、超越的な存在や自然の偉大さに自分の生死をまるごと受け入れられたいと切望する。すなわちスピリチュアリティが目覚める。そして生きる目的や価値を求める。このとき、相手にどのようなケアが提供できるかを本書は伝えている。

4　若松英輔『「生きがい」と出会うために――神谷美恵子のいのちの哲学』ＮＨＫ出版、二〇二一年

神谷美恵子の『生きがいについて』（みすず書房）は、一九六六年に深い学術的考察に満ちた研究書として生まれ、以来、市井の人たちにも読み継がれてきた名著である。若松氏が、生きる苦しさを抱えている人に、神谷の言葉と出会うことを誘ってくれる解説書である。

5　島崎敏樹『生きるとは何か』岩波新書、一九七四年

著者は島崎藤村の姪の息子で、神谷美恵子が私淑した人間学的精神医学の泰斗である。晩年になり、生きることの意味を、人の誕生の時から生涯の最後にわたり、知と情を塗り込めて描き出した名著。出版は著者が亡くなる一年前のことであった。著者の生涯と業績を今日に紹介した本に、井原裕『精神科医　島崎敏樹――人間の学の誕生』（東信堂、二〇〇六年）がある。

増田　耕一（地球環境科学）

1　アンドリュー・Ｅ・デスラー『現代気候変動入門――地球温暖化のメカニズムから政策まで』神沢博監訳、石本美智訳、名古屋大学出版会、二〇二三年（原書第三版、二〇二一年）

地球温暖化について、自然科学的知見を主、対策を副の主題とするアメリカの大学教科書の日本語版である。両主題について大事なことがらをおさえており、学ぶ人にすすめられる。序論の最後の節の表題が「この教科書が信用できる理由」となっているのはちょっと変だが、石油産業の影響力の強いテキサス州で温暖化懐疑論に対抗するのに必要な言説だったのだろう。その部分の趣旨はオレスケス『なぜ科学を信頼する？』（未邦訳。Naomi Oreskes, Why Trust Science?, Princeton University Press, 2019）と近い。

2　安成哲三『モンスーンの世界――日本、アジア、地球の風土の未来可能性』中公新書、二〇二三年

アジアの気候・水循環の研究をリードしてきた気象学者による総論の本。モンスーンは季節によって変化する風であり、多くの地域で雨や雪をもたらす風でもある。そしてそれが地球温暖化と大気汚染によって変容している。気象・気候については、専門家を代表する見識を示しているが、人間社会の歴史についての議論は専門外からの試論とみるべきだろう。南・東南・東アジア（さらには北東アジア・シベリア）を広く視野にいれた章と日本を対象とした章が不規則に入りまじっている構成はちょっと残念。別々の本に発展するべきものと思う。

3　山本晴彦『中央気象台――帝国日本の気象観測ネットワ

ークの展開と終焉』農林統計出版、二〇二三年
著者は二〇一四年から『帝国日本の気象観測ネットワーク』シリーズ（農林統計出版、二〇一四―二〇年）の七冊で第二次世界大戦前・戦中の日本が植民地や実効支配地でおこなった気象観測について調査してきた。本書はその中枢であった中央気象台（気象庁の前身）についての記述と、既刊の巻をふくめたまとめである。過去の気象についての情報を得たい自然科学者の立場からの資料調査なので、気象事業をなりたたせた体制についての社会科学的分析にはいたっていない。しかしそれをめざす人のための素材とはなるだろう。

4『積雪地方農村經濟調査所報告 第八號 東北地方凶作に關する史的調査』積雪地方農村經濟調査所、一九三五年
気象観測開始よりもまえの時代の気候についての資料をさがすうちに、『日本の古本屋』のウェブ検索でみつけて注文することができた。この調査所は国の農林省の機関で、山形県の新庄にあった。東北六県の飢饉・凶作について、各県の県史などから得た情報を、年ごと・県ごとに整理した年表をふくんでいる。資料収集の範囲にものたりないところはあるが、出発点としてはありがたい。本文の文体は文語体だが語彙は近代のものであり、年表の年は（西暦のかわりに）皇紀で書かれているが、解説には「庶民階級の窮乏化」といった用語も使われている、奇妙な本でもある。

5 ジョン・モーリー『アカデミック・フレーズバンク――そのまま使える！ 構文200・文例1900』高橋さきの訳、国枝哲夫監修、講談社、二〇二二年（原書二〇一七年）
英語で学術論文などの学術的文書を書くための例文集。日本語版は、訳者が日本語ならばどう書くと考えて訳文をつくっているので、日本語で論文などを書くばあいにも有用な本になっている。はじめて英語で論文を書く大学院生にすすめたところ、たしかに役にたっている。わたし自身はまだじゅうぶん利用できていないのだが、目次を書きぬいてみたことで、学術論文の中ではどんな場面が生じうるかを展望してみることができた。

巽 孝之

（アメリカ文学）

1 カレン・テイ・ヤマシタ『三世と多感』牧野理英訳、小鳥遊書房
日系アメリカ人三世による女性文学のうちでもマジック・リアリズムの達人ヤマシタによる、代表長編『熱帯雨林の彼方へ』（風間賢二訳、新潮社、二〇一四年。原書一九九〇年）以来二冊目の邦訳である。奇妙なタイトルは、二部構成の後半がジェイン・オースティン文学へのオマージュ作品七篇で占められていることに起因する。他方、第一部も日系収容所

を知らない失われた世代すなわち三世によるメタフィクションからアニメ、ひいてはゴジラ映画までの洞察にあふれ読みごたえ充分。そこには二〇一五年、彼女を主賓に迎え東京で開催した第一〇回国際メルヴィル会議への言及も含まれる。

2　荒俣宏『福翁夢中伝』早川書房

　自伝文学の傑作『福翁自伝』の続編となる評伝小説だが、著者が福翁自身という設定なのでメタ自伝と呼ぶほうが適切か。刊行に合わせ、慶應義塾大学にて多数の貴重図版の紹介とともに行われた荒俣 vs. 鹿島茂対談の内容と併せ、福翁の青少年時代の声、晩年の声、作者自身の声などが交錯するポリフォニーの仕掛けがみごと。福澤先生の生涯ブレない反封建主義、反儒教主義、反官僚主義を描き出す筆致が力強い。

3　翁久允『悪の日影』桂書房（原著一九一五年）

　二〇世紀初頭のアメリカ西海岸にこんなモダンな日本人男性作家がいたのか！と驚愕するほかない一冊。一八八八年生まれだから、レイモンド・チャンドラーと同い年だ。ここに綴られる青春の愚行は、まさにフィッツジェラルドやヘミングウェイに先駆ける。今後、彼を回避するアジア系アメリカ文学史はありえまい。

4　ジョン・マルコフ『ホールアースの革命家――スチュアート・ブランドの数奇な人生』服部桂訳、草思社

　一九世紀アメリカ・ロマン派自然文学者にして環境保護運動の先駆者ヘンリー・デイヴィッド・ソローが『ウォールデン 森の生活』（一八五四年）で「ホールアース」の概念を提起してから一七〇年。二一世紀はすでにインターネットすら自然環境のようにみなし、ハイテクとエコロジーが必ずしも矛盾しない局面に突入した。そんな時代を準備した名雑誌『ホールアース・カタログ』を一九六八年に創刊し、以後同誌に関連するさまざまな対抗文化事業に手を染め、かのスティーヴ・ジョブズによるパソコン革命にも多大な影響を与えた男の、これは最も精密な伝記である。

5　ミコラ・サモーキシュ『ウクライナの装飾文様』巽由樹子訳、東京外国語大学出版会

　ウクライナ出身の画家ミコラ・サモーキシュが一九〇二年に出版した『ウクライナの装飾文様』には、父の反対を押し切って絵画の道へ進むも、激動の世紀転換期において、ウクライナの民衆文化への共感あふれるナショナリストでありながら、ロシア帝国のロマノフ朝を代表する宮廷画家としても知られた稀有の才能のエッセンスが詰まっている。ロシア革命後には戦争画家としても名を馳せ、赤軍を描いた作品はスターリン賞も受賞。戦時下の今こそ再評価されるべき画業と言える。

石原 千秋

（日本近代文学）

1　オルテガ・イ・ガセット『大衆の反逆』佐々木孝訳、岩波文庫、二〇二〇年

「イギリス人のためのエピローグ」だけ読もうと思ったら引き込まれて再読してしまった。付箋だらけになった。たとえば「イギリス民族は、常に未来を先取りし、ほとんどすべての領域にわたって一番乗りをしてきた民族なのだ」などだ。すぐにポール・ヴィリリオの一種の戦争論『速度と政治——地政学から時政学へ』（市田良彦訳、平凡社、一九八九年）を思い出した。ヴィリリオはこう言っている。「西欧の人間が到底多いとは言えない人口にもかかわらず優越性をもち支配的であるように見えたのは、より速い者として現れた」からで、わけてもイギリスの優位性が確立したのは「「産業革命」ではなく「速度の革命」が、民主主義ではなく速度体制が、戦略ではなく速度術が存在した」からだと。夏目漱石『行人』の大学教授・長野一郎があれほどまでに科学と速度を恐れる理由がわかった気がした。漱石が留学したのは、まさに速度の帝国を築いたヴィクトリア女王が亡くなったときだったのだから。漱石は速度とその未来と終わりを見てしまったのだった。

2　工藤顕太『精神分析の再発明——フロイトの神話、ラカンの闘争』岩波書店、二〇二一年

文学理論の授業で、ラカンのシェーマLを説明したあと、難物の「対象a」については「主体－「私」＝対象a」という定式にまとめている。「対象a」は象徴界からはじめの主体の位置を志向する運動、いわば忘れられた無意識のようなものだと理解しているからだ。それでいいのかを知りたくて読んでみた。私の誤読でなければ、この理解で大きなまちがいはなさそうだ。最近の私は連想がすぐに飛ぶ。G・ドスタレールとB・マリス『資本主義と死の欲動——フロイトとケインズ』（斉藤日出治訳、藤原書店、二〇一七年）の一節を思い出した。「ケインズにおいて、死の欲動は、貨幣愛というかたちをとる。……貨幣愛は、とりわけ貯蓄というかたちで、また複利の諸現象において、表面化する」と。使われない貨幣は死である。欲望は対象aを通して主体＝モノに向かう。つまり、死に向かう。それが資本主義の行く先ではないか。

3　フェイ・バウンド・アルバーティ『私たちはいつから「孤独」になったのか』神崎朗子訳、みすず書房、二〇二三年

村上春樹文学の講義をするために何度も長編小説を読み返した。いつも不思議に思うのは、主人公が孤独をとても恐れていることだ。私は孤独が平気だ。いや、そもそも孤独という感覚がよくわからない。「孤独は定義するのが難しい。孤

独の対義語は存在せず、完全に主観的なものである」。ということは、個人が自律していなければ孤独はやってこないということか。「孤独は近代の疫病」と言うゆえんだ。たぶん私は、存在しない「孤独の対義語」の側にいるのだろう。それにしても、「イギリスは「ヨーロッパにおける孤独の首都」」だと言うではないか。また、イギリスだ。何でも「速い」国なのだから。漱石文学の主人公たちの孤独への恐怖を思った。漱石はイギリスから孤独を持ち帰ったのだろうか。

4　山口みどり・中野嘉子編著『憧れの感情史――アジアの近代と〈新しい女性〉』作品社、二〇二三年

資本主義を成立させる根幹は「ほしい」と「なりたい」だが、「なりたい」の根柢に憧れがあるという当たり前のことに気づかせてくれた。その根柢には個人の自律と自由がある。それが副題の「新しい女性」である。現在では権威主義的国家こそ資本主義をうまく使いこなしているが、初期の資本主義が民主主義と相性がよかったのは、こういう理由からだろう。

5　千葉聡『ダーウィンの呪い』講談社現代新書、二〇二三年

進化論以後の世界がいかに進化論に呪われているかを詳述したドスの利いた本だ。解説部分もありがたいが、この本を支えているのはその哲学である。「多様性の尊重は現代の最も重要な価値規範の一つだという。だが多様性を尊ぶなら、原理的に不快や悪や愚かさも許容しなければならない」。そこで、こうなる。「己の無謬を信じる者が改革を進めた社会や組織は悪くなる――これが優生学の歴史が語る教訓である」と。いま「正義」が攻撃の武器になってしまった世界を見て、私は「正義と文化は両立しない」と思い始めている。いや、「正義と人間は両立しない」のかもしれない。

上野　千鶴子 （社会学）

1　蘭信三・石原俊・一ノ瀬俊也・佐藤文香・西村明・野上元・福間良明編『シリーズ　戦争と社会』全五巻、岩波書店、二〇二一―二二年

「戦争社会学」が「戦争と社会」に進化した。編者七名に加えて共著者五一名を擁した、領域横断的な研究の成果。平均年齢四七・九歳、女性比率ほぼ四分の一、戦争研究は体験世代の子世代から孫世代へと世代交代を果たし、また男の独占物でもなくなった。非常時とは平時の延長であることがよくわかる。

2　トマ・ピケティ『資本とイデオロギー』山形浩生・森本正史訳、みすず書房、二〇二三年

『21世紀の資本』（原著は二〇一三年）につづく二〇一九年刊の大著の翻訳。前著にはなかったジェンダーが本書では初めて登場する。フランスのフェミニストから抗議を受けたの

だろうか。著者が「バラモン左翼」と呼ぶ高学歴層がいかに大衆から乖離していくかがデータで示される。トランプ現象は全世界で起きている。

3 名郷直樹『これからの「お看取り」を考える本』丸善出版、二〇二三年

これでもかとデータを示しながら、現在の日本の「お看取り」現場の実態と問題点を、えぐりだす。AD（事前意思決定）のクラスターランダム化比較試験の結果が「ADの作成は患者アウトカムに影響しない」には笑った。「人生会議」は「人生絶望会議」になるとか、死への「非自発的同意」とか、うなずくことばかり。

4 斎藤真理子『本の栞にぶら下がる』岩波書店、二〇二三年

この人の文章は目に触れれば必ず読む。書評集かと思えばさらにあらず、本をネタにしてどこまでも栞のひもがつながっていくような深い比較文化的文芸批評。読む快楽を味わい、読み終えるのが惜しい気分になる。

5 吉見俊哉『さらば東大——越境する知識人の半世紀』集英社新書、二〇二三年

本アンケートの〆切り直前に届いて読みふけった。二〇二三年三月の無人の安田講堂での最終講義はオンラインで拝聴し、そのよく準備された演劇的なパフォーマンスに圧倒されたが、本書に収録されたテキストでは細部に目が行き、所美都子から始まって矢内原忠雄、西村秀夫、折原浩、見田宗介につながる東大（大学）の「もうひとつの可能性」を示す一筋の糸を探り当てた。これまでの東大闘争論では、最善のものだと思う。

長谷　正人（映像文化論）

1 前田潤『漱石のいない写真——文豪たちの陰影』現代書館、二〇一九年

写真研究の専門家ではなく、近代文学の専門家によって書かれた、作家の肖像写真をめぐる研究。漱石は自分の写真が複製イメージとして共有されることを意識せず撮影されたが、芥川はそれが作家イメージの一部になることを意識している。その中間に挟まるのが乃木将軍の自決前の写真。ともかく面白い。

2 吉川孝『ブルーフィルムの哲学——「見てはいけない映画」を見る』NHKブックス、二〇二三年

本書もまた、映画研究者ではなく、哲学者によって書かれた映画論として出色。確かに映画研究は学問として成熟してきたが、映画を芸術として自明に扱いすぎだと思う。本書は商業公開映画とは正反対の「ブルーフィルム」に限定しているが、逆に映画とは人間や社会にとって何なのかを根本的に

考え直すきっかけを与えてくれる。

3　山根貞男『映画を追え――フィルムコレクター歴訪の旅』草思社、二〇二三年

　長年日本映画批評を担ってきた山根貞男が、失われた貴重フィルムを探し求めて、生駒山の怪人コレクターを繰り返し訪問し、のらりくらりと騙される過程を自虐的に描いていく。映画を私有する側と公開させたい側の対立の話でもある。

4　山田太一（頭木弘樹編）『ふぞろいの林檎たちV／男たちの旅路〈オートバイ〉――山田太一未発表シナリオ集』国書刊行会、二〇二三年

　映像化されなかった、山田太一のテレビドラマの脚本集。とはいえ、シリーズ作品として配役がほぼ決まっている二作品に関しては、読者は台詞を頭の中で鶴田浩二や中井貴一の声で再現し、ついでにゴダイゴやサザンオールスターズの音楽をBGMで思い浮かべることもできる。そうした脳内ドラマを味わうことは特異な経験だった。

5　Walter Benjamin, *Radio Benjamin*, Lecia Rosenthal ed., Jonathan Lutes, Diana Reese and Lisa Harries Schumann trans. Verso, 2014

　ベンヤミンが書いたラジオ原稿集の英訳版。すでに一部は『子どものための文化史』（小寺昭次郎・野村修訳、平凡社ライブラリー、二〇〇八年）として翻訳されているが、彼の一九三〇年頃のラジオでの活動はあまり論じられることはない。しかし台本を書くだけでなく、自らそれをマイクの前で話していたという経験が、例えば、複製芸術論に出て来る俳優の叫び声の録音という事例に無関係なはずはない。

早川　尚男（物理学）

1　岡野原大輔『拡散モデル――データ生成技術の数理』岩波書店

　二〇二二年秋に公開されたChatGPTは大きな反響を呼んだ。わずか一年余でEdge等のブラウザに無料版が標準装備されるようになり、多くの人はこのようなAI技術の助けなしには仕事ができなくなりつつある。また、OpenAI社のCEOであったサム・アルトマンの解任、復帰騒動も記憶に新しい。このような社会情勢でAI技術の肝であるデータ生成技術のあらましに誰もが興味を抱く。本書は情報オリンピックや数学オリンピックの日本代表等の日本のトップの秀才を根こそぎ集めたPFNの社長である著者が、データ生成技術で標準的な拡散モデルの数理について簡潔にまとめた良書である。本書は、物理学者が使うレベルの初等的な確率論を使い、拡散モデルと評者の馴染んだ確率的熱力学との類似性を示している。著者は他にも『大規模言語モデルは新たな知能

か——ChatGPTが変えた世界』（岩波科学ライブラリー）という立ち読みで読み切れる本も著している。この激動期に日本のトップ企業の社長が質の高い啓蒙書を二冊書いたことは特筆に値する。しかし、OpenAIが世を席捲している中で、それと競合しないといけないはずの企業のトップが本を書いている暇があるのか、些か心配になる。

2　伊藤憲二『励起——仁科芳雄と日本の現代物理学』みすず書房

仁科と彼の時代の量子物理の歴史を上下二冊、本文一〇〇七ページ＋一三四ページの索引、注釈で論じた重厚な書である。この長さの割に非常に読みやすく、評者は二回通読した。その読みやすさは縦書き故に仁科の物理に深入りしなかったためである。また、読みやすさ故に見落としてしまうかもしれないが、理研の鯨井研で電気工学を研究していた仁科がどのように物理に転向したのか、その折の長岡半太郎の役割と、欧州から日本へ帰国した後の関係の悪化については触れていない。察するに著者は、本書と別にこのテーマについての論考を予定しているのだろう。本書に対するより詳しい書評は他所に譲る。

田崎　晴明

（数理物理学）

1　神山翼『大気と海洋のフクザツな関係——気象学者、海を見て、空を解く（仮題）』ベレ出版、二〇二四年出版予定

気鋭の気象学者が（まだそれほど長くない）研究人生を振り返ったエッセイ。縁あって原稿を読んだ。

「遠く離れた地点の気象が影響し合う」というテレコネクションの概念に魅了されて気象学者を志す高校時代に続いて、いきなり「東大に四回落ちた人間」という反則技。とはいえ、研究者にありがちな「秋まで学園祭にかまけていてその後も遊び半分で勉強していたが理一だったから現役で受かった」といったエピソードに比べると圧倒的に面白い。三度目の東大受験の合否発表の日、神山さんは掲示を見る勇気が出ず、予備校で切磋琢磨した友人の悠太と三四郎池のほとりで無為な時間を過ごす。「俺、先に行くわ」と掲示場に向かった悠太は文字通りそのまま先に東大に行ってしまう……。

章が進むと場面は眩しいほどに変わっていく。指導者を求めてアメリカの主要研究機関を巡り、発見の喜びに踊りながらシアトルの冷たい雨に濡れ、北欧での国際会議で大御所と議論し、大学に研究室を持ち学生と共に学ぶ。研究テーマも、最初に手がけた気圧と月の位置の意外な相関から、博士論文の温暖化とエルニーニョの関わり、黒潮とメキシコ湾流が同

期するという驚くべき発見へと、どんどんすごみを増してくる。進行中の素晴らしい研究歴を早回しで読むのは『ドラゴンボール』的快感だ。

気象学のコンパクトな解説もあり、例えばエルニーニョ南方振動の何たるかもわかる。「黒潮とメキシコ湾流の同期」という思わず二度見するようなフレーズの意味も知りたくなりませんか？

2 Elliott H. Lieb and Robert Seiringer, *The Stability of Matter in Quantum Mechanics*, Cambridge University Press, 2009

京都賞を受けた数理物理学者のリーブ先生と対談する折に久しぶりに目を通した（対談の記録は『数学セミナー』に掲載予定）。「物質の安定性」に関する決定版的な教科書だ。「強いクーロン力で引き合う原子核と電子はなぜ一点に潰れてしまわないのか？」という根源的な謎は量子力学によって解決したとされる。しかし、それは少数の原子についてであり、（現実の物質のような）膨大な数の原子核と電子からなる系の安定性の解明にはリーブ先生らによる数十年に及ぶ数学的な研究が必要だった。

李 静和（政治思想）

1 ヴァルター・ベンヤミン『［新訳・評注］歴史の概念について』鹿島徹訳・評注、未來社、二〇一五年

2 坂口ふみ『〈個〉の誕生――キリスト教教理をつくった人びと』岩波現代文庫、二〇二三年

3 鵜飼哲『いくつもの砂漠、いくつもの夜――災厄の時代の喪と批評』みすず書房、二〇二三年

4 ファン・ジョンウン『ディディの傘』斎藤真理子訳、亜紀書房、二〇二〇年

5 高秉權『黙々――聞かれなかった声とともに歩く哲学』影本剛訳、明石書店、二〇二三年

〝……証拠を残さぬために裸体男女を満月の夜、石の重しをつけて船上から海へ投げ込んだ五百名の遺骸が沈んだところ。サオギの椅子に坐りこんだ足もとは海の底。居眠っているのではないが、眼は静かに固く閉じられていた。

一人また一人の島の人々の悲しみは李芳根を通じて底に沈む悲しみ。李芳根を離れて、個々の悲しみは同じ悲しみ。

夢の沈んだ底の地層のひろがりで、私の夢のなかのもう一人の見えない私の悲しみと重なる。〟

（金石範「続・夢の沈んだ底の『火山島』」『世界』岩波書店、二〇二三年六月号）

野崎　歓

（フランス文学）

1　ジークフリート・クラカウアー『映画の理論――物理的現実の救済』竹峰義和訳、東京大学出版会、二〇二二年

これほど濃密で本質をうがつ映画原論はほかに読んだことがないというくらい、感動的な論考である。英語による原著（一九六〇年刊）を未読だったことを恥じつつ、訳者の偉業に感謝するばかりだ。アンドレ・バザン『映画とは何か』との同時代性に胸を突かれる。映画とは「生の流れ」なのだというクラカウアーの信念を、五九年に没したバザンこそはだれよりも深く受け止めることができたろうに。また、反〃映画の姿勢を示していたはずのプルーストの一節から映画についての刺激的な思考を引き出してくる筆致の鮮やかさにも興奮させられた。

2　今野勉『テレビマン伊丹十三の冒険』東京大学出版会、二〇二三年

副題は「テレビは映画より面白い?」。映画との比較において不当に蔑視されがちだったテレビに関して、本格的な研究がもっと試みられるべきだと思わされる。本書の数カ月後には北浦寛之の好著『東京タワーとテレビ草創期の物語――映画黄金期に現れた伝説的ドラマ』（ちくま新書、二〇二三年）も出た。今野勉の仕事に関しては、成相肇『芸術のわるさ――コピー、パロディ、キッチュ、悪』（かたばみ書房、二〇二三年）での紹介も印象的だった。今野の語りの面白さは抜群で、伊丹とのコラボレーションをいきいきと回想しながら、テレビがもっていた可能性の豊かさを改めて認識させてくれる。伊丹十三生誕九〇周年にふさわしい一冊でもある。

3　トニ・モリスン『暗闇に戯れて――白さと文学的想像力』都甲幸治訳、岩波文庫、二〇二三年

アメリカ文学においてつねに隠蔽され、抑圧されながらも、アメリカ文学そのものを規定し形作ってきたものとしての「黒さ」を論じる。薄い一冊だが、読後には視界が一変するほどの衝撃力があった。

4　宮下規久朗『バロック美術――西洋文化の爛熟』中公新書、二〇二三年

長年の研究の成果を凝縮した文章に宿る気迫に感服。たとえばカラヴァッジョのもたらしたものの意味が、なんと見事に伝わってくることか。図版が豊富に収められているのも嬉しい。

5　『ヴィヨン全詩集』宮下志朗訳、国書刊行会、二〇二三年

瞠目の訳業だが、それが宮下志朗ならではのさらりとした筆遣いで成し遂げられている点がなんとも粋である。「よくわかっている、あのおばかな青春時代、／ちゃんと勉強して／品行方正にしていたならば／家と柔らかいベッドにありつ

いていただろうと、／でもこのざまだ！」愉快で悲痛なヴィヨンの詩行が真率に、身近に響いてくる。

野家 啓一　（哲学）

1　伊藤憲二『励起——仁科芳雄と日本の現代物理学』みすず書房

上下二巻、総計一〇〇〇頁に及ぶ大冊にまず圧倒される。文字通りの労作といってよい。仁科芳雄は「日本の原子物理学の父」として知られる物理学者だが、その活動の多面性のゆえに、彼の業績が十分に評価されてきたとは言い難い。著者が「困難と、障害と、挫折と、破綻が大部分の人生だった」と評する仁科の生涯が、丹念な一次資料の発掘によって「新しいタイプの科学史的な伝記」として描き出されたことを喜びたい。

2　ニコラウス・コペルニクス『天球回転論——付 レティクス『第一解説』』高橋憲一訳、講談社学術文庫、二〇二三年

さきに七年をかけてラテン語原典からの『完訳 天球回転論』（みすず書房、二〇一七年）を上梓した訳者による文庫版の刊行である。新装版二〇二三年。本書には『天球回転論』第一巻に加えて、コペルニクスに著書の出版を慫慂し、自ら解説の筆を執った唯一の直弟子レティクスの『第一解説』が収録されているのが貴重であり、嬉しい。「レティクスなくして、コペルニクスなし」（デニス・ダニエルソン）と言われるゆえんだが、懇切な訳注と併せて訳者の労を多としたい。

3　森一郎『アーレントと革命の哲学——『革命論』を読む』みすず書房、二〇二二年

アーレントの『活動的生』（みすず書房、二〇一五年）ならびに『革命論』（同、二〇二二年）をドイツ語版から翻訳した訳者の手になる出色のアーレント論。『革命論』を章ごとに読み解きながら、著者の議論の背骨を貫いているのは「アーレントの革命論によって照らし出される現代日本の問題状況」というアクチュアルな問題意識にほかならない。具体的には日本国憲法をめぐる改憲問題であり、その帰趨を「言論と行為にみなぎる人間力」に託そうという著者の姿勢に共感を覚えた。

4　渡辺京二『夢と一生』河合文化教育研究所、二〇二三年

名著『逝きし世の面影』の著者であり「水俣病を告発する会」の運動に身体を張って携わり、晩年の石牟礼道子に付き添った歴史家渡辺京二による語り下ろしの半自叙伝。インタビューを担当した加藤万里による解説「河合文化教育研究所における渡辺京二氏」は、「どこまでも一筋縄ではいかない思想家」渡辺京二を主任研究員として迎えた研究所との知ら

れざる関わりを活写して一読の価値がある。

5　川崎賢子編『左川ちか詩集』岩波文庫、二〇二三年

北海道余市町に生れ、兄の親友であった伊藤整に兄事して詩作を始め、モダニズムの女性詩人として高く評価されながらも、癌のため二五歳で夭折した左川ちかの詩集が文庫で読めるようになった。「髪の毛をふりみだし、胸をひろげて狂女が漂つてゐる。」（「記憶の海」）。／白い言葉の群が薄暗い海の上でくだける。」（「記憶の海」）。編者である川崎賢子のジェンダーの視座からする行き届いた「解説」が、左川ちかとは何者かを語って余すところがない。

姜　信子

（作家）

1　友岡雅弥『ブッダは歩むブッダは語る――ほんとうの釈尊の姿そして宗教のあり方を問う』天の川書房、二〇二一年

2　小山さんノートワークショップ編『小山さんノート』エトセトラブックス、二〇二三年

3　鎌田慧『六ヶ所村の記録――核燃料サイクル基地の素顔』岩波現代文庫、二〇一一年

4　スヴェン・リンドクヴィスト『すべての野蛮人を根絶やしにせよ――『闇の奥』とヨーロッパの大量虐殺』ヘレンハルメ美穂訳、青土社、二〇二三年

5　キム・ヨンス『七年の最後』橋本智保訳、新泉社、二〇二三年

関東大震災一〇〇周年だった二〇二三年。西洋が生み出して世界に広めた植民地主義、進化論と結びついた優生思想、資本主義（新自由主義）等々の一つの現われに過ぎない、シオニズムによるジェノサイドを歯がゆい思いで見つめる年の暮れ。人間はこうして滅びてゆくのだろう、この世界は人間が消えたあとによみがえることができるのだろうか。滅べ、滅べ、人間よ滅べと呟いていた石牟礼道子さんの呪文のような声が思い起こされる。

1「率直になれば、主の苦しみは分からなくても、虫の苦しみは分かるだろう。恵みの隙間から千フィート下に飛べ。その下の方には、はるか下の方に、世界の息吹が吹いているのだ」。エリアス・カネッティのこんな言葉を引いて語られるブッダの思想。つねに、永遠に、くりかえし夢から目覚める人としてのブッダ。ブッダにとっては「悟り」もまた夢。権力、地位、名誉と変わらぬ夢。夢という名の呪縛。そう著者の友岡さんは語る。一宗教者として、すべてを捨てて東日本大震災の被災地に通い、この世を去った友岡さん自身がブッダのように思える。

2　代々木公園のテント村に暮らして逝ったホームレスの女性が遺したノート。「沈黙しているとみなされている者た

ち」の世界に触れれば、この世界の歪みも、理不尽も、それが何ゆえに今、ここに在るのかも、すべて見える。そして、どんなに虐げられても絶えることのない命の息吹、命の抗い。

３　日本という国の植民地主義と資本主義のありようを、仔細に具体的に再確認した書。社会に分断を作りだすやつらは、ずっと深い欲望でつながっている。

４　新大陸も、タスマニアも、アフリカも、朝鮮も、満州も、ホロコーストも、ガザも、そういうことなんですね、「闇の奥」なんですね、と怒りと悲しみで心が凍ります。

５　人間って、バカ。ということを豊かな文学精神で語る書。悟りを手放してこそブッダでありうるように、文学を手放してこそ文学を生きうるという、ああ、人間って、なんて哀しい……。

勝俣 誠　（アフリカ地域研究）

１　藤井英二郎『街路樹が都市をつくる――東京五輪マラソンコースを歩いて』岩波書店、二〇一九年

道具的理性は細部に宿る。真夏から年末にかけての半年は一本の大木がなぜ今、ここで伐採・伐根されるのかという、降ってわいたような問いに明け暮れた。この大木とは、かつての職場前の公道にはみ出ながら一〇〇年以上生きてきた大イチョウ街路樹で、この六月、ネットで突然、行政による伐採・伐根工事を知ったのだ。やがて見えてきたのは車の交通利便性 vs. 風致 scenic beauty の保存という次元の違う対立項だった。行政との折衝で大いに役立ったのが本書だった。時代思想を歩いて、考えることの豊かさを教えてくれた。

２　アルトゥーロ・エスコバル『開発との遭遇――第三世界の発明と解体』北野収訳・解題、新評論、二〇二二年

先進資本主義国、とりわけ米国で生まれた開発経済学は経済成長論の未開発世界への応用編で、日本では「南」の貧困と「北」の資金・税金による開発援助論はほぼ同義語になっている。そもそも「南」世界とは一七世紀の産業革命が生んだ生産力と武力によって世界を編成したヨーロッパ中心の近代なる秩序の産物である。ポスト開発期の「南」の有象無象世界に主体性はないのだろうかと自問させた一冊だった。

３　猪瀬浩平『野生のしっそう――障害、兄、そして人類学とともに』ミシマ社、二〇二三年

人間ないし他者の研究者は研究する対象から自由になれない。対象を追っても、追っても、つかみ切れない自分史である。オントロジーとデオントロジーが共存する新しい人類学のジャンルを発見した。

４　Bessie Head『When Rain Clouds Gather　雨雲のあつまるとき　第1章』横山仁美訳、雨雲出版、二〇二三年

コロナ危機と円高で「南」に旅しにくくなったせいか、「南」の語りを読んだり、「南」から「北」に戻ってきた友人たちの話が無性に聴きたくなる。出会ったのが二六ページの小さな冊子だ。アパルトヘイト体制下の南アフリカから隣国英領ボツワナに逃げこむ反アパルトヘイト脱獄囚が主人公。ボツワナの密林というより疎林のサバンナ型文学の第一章として、かつて通ったサハラ沙漠南縁部のサヘル地域の村の人々を想い出し、なんとなく懐かしく読んだ。全章の翻訳刊行が待たれる。

成田　龍一（日本史）

世界史が急速に回転するような二〇二〇年代。歴史を認識するあらたな試みが、歴史教育と歴史学のなかで始まっている。そのようななかで読んだ「著作たち」である。

1　上村忠男『歴史をどう書くか——カルロ・ギンズブルグの実験』みすず書房、二〇二三年

上村さんは「歴史の認識」について早くから思考をめぐらし、翻訳を含め多くの著作を上梓してきた。そのような営みのもと、カルロ・ギンズブルグにかかわる論稿、解説を集めた一書として本書をあらたに刊行した。書き下ろしを含む一〇篇の論稿は、どれも緊張感に満ちている。

2　加藤公明『考える日本史授業5』地歴社、二〇二三年

歴史教育の大きな制度的改革が進行しているが、高校生に向き合い、かれらとともに「考える」授業を実践してきた加藤さんの報告集。一九九一年の第一集から、すでに第五集を数えるが、今回は「授業者を育てる」と先達の授業実践を大学生に伝えることにもページを割いている。「日本史」に足場をおく歴史認識の育成の書として、多くの示唆に富む。

3　井上ひさし『芝居の面白さ、教えます——井上ひさしの戯曲講座』全二巻（日本編・世界編）、作品社、二〇二三年

井上さんが、生前に館長を務める仙台文学館でおこなった「戯曲講座」の記録（二〇〇一—〇五年）。シェイクスピア、イプセン、チェーホフから、三島由紀夫や安部公房らの戯曲を読み解いてみせる。戯曲の解読を通じ、自らの戯曲の作法を語る個所も面白いが、なによりも劇作家を介した演劇論となっている点が興味深い。シェイクスピアから「内容」を論じ、イプセンを通じて「形式」を語る……といったメタ演劇論となっている。

4　『演劇の思想——鈴木忠志演劇論集成』／『演劇の思想——鈴木忠志演劇論集成Ⅱ』／『演劇の思想——鈴木忠志演劇論・対話篇』SCOT、二〇二〇—二三年

演劇が強い衝撃力をもつ理由のひとつは、身体によって世界に向き合うことによる強いメッセージ性によるのではない

だろうか。そのことを印象づけられたのは、二〇二三年一二月の東京・吉祥寺でのＳＣＯＴによる公演「トロイアの女」であった。鈴木さんは俳優の身体に焦点をあて、劇団という集団のなかでの関係性から、演技や演出に説きおよぶ。演劇によって、日本と世界に向き合う鈴木さんの思索が集成されている。

5　横田冬彦『日本近世書物文化史の研究』岩波書店、二〇一八年

長いあいだ読み損ねていた著作。横田さんは、一七世紀を軸に「日本近世史」を書き直す試みをされてきた。「通史」としてその実践もされているが、本書は「書物」と「読書」を対象として、「日本近世」の社会史を論ずる力編である。書物というモノ、読書という行為が、作者・書肆・読者の結びつきを作り、蔵書によって過去の作品に接し、あらたな「知」を形成することを論ずる。

富士川　義之

（イギリス文学）

1　川本直・樫原辰郎・武田将明編『吉田健一に就て』国書刊行会、二〇二三年

最後の文士吉田健一の人と作品をめぐる一九名の執筆者による論集（評者も駄文を寄せている）。執筆者は外国文学者、宗教学者、映画監督、作家、文芸評論家、書評家、編集者など多岐にわたる。小林秀雄、福田恆存、三島由紀夫、澁澤龍彦などとの比較論考もあり、決して一筋縄ではいかぬ、狷介でエクセントリックでもあったこの昭和の文士の多面的な姿を浮き上がらせてみせる。これからの吉田健一研究や評論においてこの論集は一つの里程標となるだろう。

2　Frank Kermode, *Concerning E. M. Forster*, Farrar, Straus and Giroux, 2009

稀代の英国の英文学者の遺著となったコンパクトなフォースター論考。代表的評論『小説の諸相』を二〇世紀の小説評論の歴史の中に位置づけたり、クラシック音楽好きのフォースターのベートーヴェンやワーグナーなどに寄せる愛着と関心に着目したり、彼の小説の特色をヘンリー・ジェイムズやヴァージニア・ウルフやＤ・Ｈ・ロレンスなどとの関わりで簡潔にまとめたり、フォースターと同じく晩年はケンブリッジ大学内に居住を許されたいかにも大家らしいカーモードが悠然たる閑談調で語っているところがとても印象的だ。一一月に逝去した英国の女性作家Ａ・Ｓ・バイアットの初期短篇に「フォースターが死んだ日」がある。バイアットはケンブリッジ大学で所在なさげに部屋中を歩き回っている晩年の孤独なフォースターの姿を偶然隣りの建物から見かけたことがあるという。どういうわけか、そんな短篇の一場面を思い出

す。

3　高階秀爾『ヨーロッパ近代芸術論──「知性の美学」から「感性の詩学」へ』筑摩書房、二〇二三年

これも大家による一九世紀ヨーロッパ芸術論。閑談調を淡々とつらぬいている前記カーモードに比べると、こちらは執筆年代が古いせいもあってか、正攻法による力のこもった本格的な論考が多い。いずれも読み応えのある力作評論ばかり。本書をつらぬく最大のテーマは「近代」とは何かという問いかけである。そして一八世紀から一九世紀にかけて、「西欧世界の社会のあり方とそれを理解するパラダイム設定に、もはや後戻りのきかない決定的な変化がおとずれた」ことを主として西欧の近代美術と社会との関係を解きほぐすことを通じて、「近代」とは何であったのかを精緻に読み解いてみせる。その重厚な筆致にはほとんど圧倒される思いである。これを読んでいると、西欧の一九世紀を「野暮」と「野蛮」な世紀などとうかつに口走ることなどできなくなるであろう。その意味で本書は吉田健一の代表作『ヨオロッパの世紀末』に意図せずして挑戦状を突きつける近代芸術論という側面もあるのではなかろうか。第四章「近代における絵画と文学」の、文学と絵画における「切られた首」をめぐる諸論考をとくに興味深く読んだ。

4　井伏鱒二『対訳 厄除け詩集』ウィリアム・I・エリオット／西原克政訳、田畑書店、二〇二三年

井伏没後三〇年を記念して出版された名詩集の完全英訳。帯にある「心をくすぐり、心に沁みる、まさにこの時代の厄を祓ってくれる」という谷川俊太郎の評言がまさにぴったりの名詩集だ。「コノサカヅキヲ受ケテクレ」で始まる最も名高い「歓酒」の原文と英訳の最後の一句を挙げておこう。「「サヨナラ」ダケガ人生ダ」(Life is nothing but saying good-bye)

訳者西原氏の最近の健筆ぶりにはめざましいものがある。『厄除け詩集』に続いてR・H・ブライスの伝説的名著『日本の風刺詩 川柳』(花伝社、二〇二三年)の邦訳も出版している。

5　『夢の扉──マルセル・シュオッブ名作名訳集』国書刊行会、二〇二三年

三七歳の若さで他界した一九世紀末のフランス作家の短篇アンソロジー。シュオッブの作品は、大正期から我が国の名だたる翻訳者たちが手をそめているが、一八九九年に出版された短篇アンソロジーからその題名を借りた『夢の扉』は、代表作『架空の伝記』(一八九六年)や『黄金仮面の王』(一八九二年)などから渡辺一夫、日夏耿之介、矢野目源一、鈴木信太郎、青柳瑞穂、上田敏、山内義雄、堀口大學、松室三郎、日影丈吉、種村季弘、澁澤龍彥の一二名が腕によりをかけて

翻訳した作品を選んで編まれている。編者は学生時代以来の熱烈なシュオッブ愛好家で解題を書いている国書刊行会の名物編集者礒崎純一。評者はかつて渡辺一夫と澁澤龍彦の翻訳でシュオッブ作品を知ったが、スティーヴンソンとメレディスの仏訳を手がけたこともあるアングロマニアだったシュオッブと『イマジナリー・ポートレート』（『想像の肖像』）の英国作家ウォルター・ペイターとの親近性に興味を持っている。夜の書斎の静寂の中で心静かに一篇ずつページを繰りながら愉しむにふさわしい極上の短篇アンソロジーである。

（思想史）

市村 弘正

1　斎藤真理子『本の栞にぶら下がる』岩波書店、二〇二三年

韓国文学の翻訳で知られる著者の読書をめぐるエッセイ。生煮えの新刊書を遠ざけて「古い本のことばかり」という選書がよく、文章もいい。読書経験を反芻し、本の一場面や詩句から現在が抱える問題を浮かび上がらせる批評眼が光る。

2　伊藤潤一郎『「誰でもよいあなた」へ——投壜通信』講談社、二〇二三年

若いフランス思想研究者の哲学的な散文集。投壜通信というモチーフに導かれて、様々なテクストから言葉を受け取りながら、「閉塞した現状の外に通じる突破口」として言葉の行方について思考をめぐらしていく。衒いのない文章で読ませる。

3　上村忠男『歴史をどう書くか——カルロ・ギンズブルグの実験』みすず書房、二〇二三年

『どの島も孤島ではない——イギリス文学管見』（みすず書房、二〇二三年）まで、ギンズブルグの翻訳を次々と提供している著者による論考集。歴史叙述をめぐる課題と文脈を行き届いた筆致で教えてくれる。

4　高橋英夫編『読書清遊——富士川英郎随筆選』講談社文芸文庫、二〇一一年

リルケの訳業をへて、この「文人学者」の随筆の一端にふれた。ドイツの詩文から江戸期の漢詩に通じ、鷗外や朔太郎を語る著者には、どのような時間が流れていたのだろうか。

5　木庭顕編訳『トゥーキュディデースとホッブズ——真のリアリズムを求めて』みすず書房、二〇二二年

ホッブズがトゥキュディデスの「翻訳」を通じて思索を深めていったことは知られているが、その受容をめぐる問題や誤読されがちなホッブズの国際関係論について、重要な論考を収めている。迂遠に思えても、その「恐怖」の情念分析にもとづくリアルな思考は大事だろう。

栗原 彬

（政治社会学）

1　立岩真也『良い死／唯の生』ちくま学芸文庫、二〇二二年

ままならない世界を受容し享受する「唯の生」でよいではないか。尊厳死法はいらない。生産性への強迫はやめにして、財の分配を進めよう。立岩の提起した「はやく、ゆっくりの唯の生」は、障老病異のさまざまな異なりをもつ人々がともに生きる社会の方へ開かれている。

2　大谷いづみ「〈間〉の生を聴く／〈間〉の生を語る」（安藤泰至・島薗進編著『見捨てられる〈いのち〉を考える――京都ＡＬＳ嘱託殺人と人工呼吸器トリアージから』晶文社、二〇二一年所収）

〈間〉の生というテーマの立て方から聴こえてくる魂の声に心が震える。生には間のグラデーションがある。相手のブレを二分法で切り捨てるのでなく、ブレの中に可能性をも見出すこと。今死にたいと思った一〇分後には生きたいと思う、複数の「わたし」がいる。生存を求める活動も両義性をもつ。そのことを心に留めて、複数の〈わたし・たち〉を、分断と排除でなく、架橋し包摂する社会を築いていきたい、と大谷は言う。

3　大江健三郎『燃えあがる緑の木』新潮社、一九九三―九五年

魂のこと、そして信仰をもたない者の祈り。Rejoice!（喜びを抱け）と唱和しながら、魂の底に深く沈んでいく海石のような言葉だ。高校生のギー兄さんが言うように「一瞬よりはいくらか長く続く間」に日々の些細なものを注視することで、大切なものの訪れがある。

4　猪瀬浩平『野生のしっそう――障害、兄、そして人類学とともに』ミシマ社、二〇二三年

障害の人類学でなく、兄とともにいる人類学が、障害とか自閉症といった分断線をつくる言葉を解除して、失踪と疾走のあわいを走る兄のしっそうのただなかに身を委ねることで開かれてきた世界を伝える。人間の実存を根底から支える大切なもの、兄の存在のかけがえのなさ、そして人とともに生きることの切なさと愛おしさが身に迫ってくる。しっそうの中にお互いの世界を重ねていく。孤独でありながらどこかで連続している。点滅するつながりが、二人の修羅以外の存在にまで広がり、それまであたりまえと考えていた世界を揺さぶり、未知の世界の方へ開いていく。

松沢 弘陽

（日本政治思想史）

1　平石直昭『福澤諭吉と丸山眞男――近現代日本の思想的原点』北海道大学出版会、二〇二一年

長く近代思想史の研究に専心し、その分野で大きな寄与をなした著者が、福澤と師丸山眞男が近現代日本の形成に決定的な役割を演じたゆえんを批判的に吟味する。

2　キリスト者遺族の会編『石は叫ぶ――靖国反対から始まった平和運動50年』刀水書房、二〇二三年

第一部［講演編］では戦争体験を継承し、非戦を望む吉馴明子が会の活動全体を通観し、第二部［資料編］遺族の会五〇年の記録では五〇年の活動を担った多くのキリスト者の活動の証言を集める。中でもそれらの活動の中心に立った、初代実行委員長でもあった小川武満牧師・医師の九〇年の生涯は読む者の心をとらえてはなさない。

3　宮田光雄『ボンヘッファー――反ナチ抵抗者の生涯と思想』岩波現代文庫、二〇一九年

著者のお仕事からは、長い間にわたって多くを学んできた。この本もそのうちの一つと言えようが、ある意味で望外の教えを恵まれた。ディートリヒ・ボンヘッファー（一九〇六―四五年）は、神学者でありながら、「ヒトラー暗殺計画に加わり殉教の道を選んだ」（同書帯）。この本ではその政治的意味とともに彼をそのような方向に進ませた神学、聖書学の新しい展開について綿密にたどる。その道を日々学ぶことは私にとって豊かな日課となった。

伊佐 眞一（琉球近現代史）

1　『高橋和巳全集 第五巻 憂鬱なる党派』河出書房新社、一九七七年

2　『高坂正堯著作集 第八巻 一億の日本人』都市出版、二〇〇〇年

3　『樋口一葉全集 第三巻 上 日記Ⅰ』筑摩書房、一九七六年

4　ひろたまさき『異国の夢二』講談社選書メチエ、二〇二三年

5　沖縄青年同盟資料集刊行委員会編『沖縄青年同盟資料集――「復帰」に抗した〈在日〉沖縄青年運動』Ryukyu 企画（琉球館）、二〇二三年

私は一九七〇年代前半に大学生だったのだが、あれから半世紀。還暦はとうに過ぎて、日々、寄る年波を実感している老人である。だが、昔に戻りたいわけではない。済んだことを思い返して、いちいち悔やむことなど、人間特有のロクでもない悪癖だと思うが、ただ日米の軍事植民地になった琉球に住んでいると、自然に何十年も前のことが蘇ったりもする。

それでだが、手元にある全集を手にしてみると、若い頃には気づかなかった感懐がないわけでもないので、ここに掲げてみた。ひとによっては、まったくのナツメロだろうが、いまの日本／琉球の状況下では、鳥の糞ほどの意味はあるかも

しれない。

1は、元来が中国文学者だったこともあって、理詰めの筋がこの作品を含めて、彼の文学全体を特徴づけている。社会を変革したいとの強烈な思念は、登場人物たちの議論と地の文に、一貫性をもって凝縮されているだろう。それは彼にとって、「造反有理」として、街頭や大学での行動に直結していった。昨今の自慰的なオタク文学ではない。

2は、高橋とは反対の方向に歩んだ国際政治学者の著作。後年の高坂を知る者には、三〇歳前後の論考は興味深い。一九七二年の沖縄「施政権返還」が騒がしかった当時、メディアでたびたびその発言に接した者には、とくにそうである。その頃は対峙すべき存在だと思ったりもしたが、今の私からみると、ずいぶん買い被っていた面もあることがわかった次第。

3については、とにかく、これが二〇代半ばの女性のものなのか、と驚く。知識だけは豊富な人間は、それこそ浜の真砂のように、いくらでもいるのにひきかえ、大した教育も受けていない彼女の、人間と社会を観る目は、いや、じつに大したもので、何度読んでも舌を巻く。甘っちょろい人間の琉球人は、一葉の爪の垢でも煎じて飲んだらいいだろう。

4は、福澤諭吉と民衆史研究に大きな地歩を築いた思想史家の遺作。私の読解力が貧弱なせいか、著者がなぜ、死の直前まで夢二に執心したのか、いまひとつよくわからない。彼の外遊の痕跡を追究して、その意味を考えたこの仕事は、もしかしたら、弱さを抱えながらも、あくまで差別された側に立とうとした夢二に、自らを重ねたからではなかったか。

5は、日本人には決してなしえない、琉球人青年たちの思想と行動の記録である。そこに収録された必死ともいえる発言の生々しさは、実践活動と密接に結びついていただけに、読む者に襟を正させる緊迫感がある。今回、原資料をまとめて読んだのだが、いま現在、私たち琉球人が提起し、かつ活動をしていることの肝心なものが、すでに必須の課題として表明されていることを知った。それらは日本人にとっては、今後も他人事の問題であろうが、この書の前では、大抵の琉球関連本の日本同化ぶりが、よくわかるはずである。なお、本村紀夫の『在日沖縄青年運動の軌跡』（Ryukyu 企画、二〇二三年）には、当事者ならではというべきだろうが、運動の変遷が明快に整理されるとともに、この闘いの内実をどうあっても残したいとの執念が浮き出ている。ぜひとも併読してもらいたい。

（経済思想史）

梅津 順一

1　ロナルド・ドーア『幻滅——外国人社会学者が見た戦後

日本70年』藤原書店、二〇一四年

2　石田雄『一身にして二生、一人にして両身――ある政治研究者の戦前と戦後』岩波書店、二〇〇六年／同『ふたたびの〈戦前〉――軍隊体験者の反省とこれから』青灯社、二〇一五年

3　小檜山ルイ『明治の「新しい女」――佐々城豊寿と娘・信子』勁草書房、二〇二二年

4　和田守（伊藤彌彦編）『徳富蘇峰――人と時代』萌書房、二〇二二年

5　最相葉月『証し――日本のキリスト者』ＫＡＤＯＫＡＷＡ、二〇二三年

1と**2**を再読し、戦後日本の歩みを振り返るヒントを得ることができた。ドーアと石田はともに、戦後に研究生活をスタートし、ドーアは「異なった歴史的、文化的背景をもつ日本近代」を主題とし、都市生活、農地改革、江戸期の教育、日本型資本主義、さらには金融政策にまで視野を広げ、それぞれに優れた研究書を残したが、その最後の言葉は「幻滅」であった。日本の言論が活力を失い、新自由主義と日米軍事同盟一色へと傾斜していく状況への失望である。

他方、石田は政治学者として、戦後民主主義への希望を出発点とし、六〇年安保条約改定、ベトナム反戦運動、高度成長に伴う公害問題、戦後補償問題などを見据えつつ、多くの研究書を書き、状況に積極的に発言してきた。その最後の感想は、「再びの戦前」であった。ドーアが「幻滅」した状況に、石田は「閉鎖的な同調社会、排外的国家主義」を見ている。出口なしとも思えるが、昨今のウクライナ戦争、パレスチナ紛争、アメリカ国内の深刻な分裂は、新しい歴史のダイナミズムの予兆ではあるまいか。

ドーアと石田には、残念ながら宗教問題への積極的な発言はない。**3**で小檜山は、キリスト教の文脈で、近代日本の女性像、家庭像を取り上げていて、興味深い。**4**の主題、帝国日本を代表する言論人徳富蘇峰は、**3**にも登場するが、熊本洋学校、同志社英学校で学んだ新島襄の門下生であった。蘇峰にも、キリスト教的モーメントが生涯消えなかったのではあるまいか。**5**は、ルポルタージュ作家による、現代日本のキリスト者へのインタビューの記録。昨今、カルト問題が活発に取り上げられているが、宗教に真剣に向き合うことなしに、カルトを理解することは難しいのではあるまいか。

（フランス思想）

廣瀬　浩司

1　Ｅ・ロワイエ、Ｐ・マニグリエ編『ヤーコブソン／レヴィ＝ストロース往復書簡――１９４２－１９８２』小林徹訳、みすず書房

いわゆる「構造主義」の祖と言われる言語学者ヤーコブソンとレヴィ゠ストロースの四〇年間にわたる往復書簡。流行の思考として語り尽くされたかにみえる「構造主義」の発生の場を追体験できる。それはこの二人の偉大な思想家の「出会い」の場に結晶化した。彼らは理論構築を先行させるのではなく、変化と不変化、偶然と必然の緊張の場に寄り添い、そこに（彼らが分析した）詩のように立ち上がる「垂直なもの」の系列を紡ぎ出した。メルロ゠ポンティはそれを「作動する本質」と呼ぶだろう。

2　稲原美苗・川崎唯史・中澤瞳・宮原優編『フェミニスト現象学——経験が響きあう場所へ』ナカニシヤ出版

従来のフェミニズムが女性の社会的・歴史的構築を語り、「抑圧」された者が「状況」を「意識」化することを「呼びかけ」たのに対して、本書はまずは一人称的な当事者の「経験」から出発することを提唱する。だが真に興味深いのは、本書の記述をとおして、この「経験」そのものが内側から破裂し、間主観的な象徴制度（メルロ゠ポンティ）へと開かれるプロセスである。そのときフェミニズム的な「立場」もまたみずからを問い質し、自己と自己、自己と世界との「ずれ」を肯定的に生きる。この肯定性への注目がなければ上空思考的な「ジェンダー社会学」との差異があいまいになってしまうだろう。

3　亀井大輔・長坂真澄編著『デリダのハイデガー講義を読む』白水社

デリダの一九六四年度のハイデガーについての講義のさまざまな読解。デリダの読者はどうしてもデリダのレトリックを模倣・反復しがちであるが、現在ではそのような読み方は通用しない。とはいえ彼を従来の哲学史に押し込めたり、彼のエピゴーネンを追跡したりするのも芸がない。デリダを真に継承するためには、デリダがデリダに「知らず知らずのうちに」（メルロ゠ポンティ）なってしまった瞬間を捉える必要がある。その意味で、従来はっきりしなかったデリダのハイデガー読解に対して、ハイデガー研究の側から、厳しいが生産的な議論が出されているのが興味深い。「脱構築」を忘却し、デリダが別様でもありえたことを想像することが、彼の思想を再活性化する唯一の道であろう。

蔵屋　美香

（キュレーター）

1　市川沙央『ハンチバック』文春 e-book、二〇二三年

多くの人があげるだろう二〇二三年の一冊。「私は紙の本を憎んでいた」の一文は、読書人やブックデザイナーの頭をガンと殴り、新しい世界へと連れ出す。「作品は実物を見るのが一番」と主張してきた美術関係者もしかり。

2　アーザル・ナフィーシー『テヘランでロリータを読む』市川恵里訳、河出文庫（電子版）、二〇二一年

原著は二〇〇三年刊。イスラム革命後、戦時を含む一八年間のイランの暮らしをつづるこの本は、二〇〇六年に日本語に訳され、二〇二一年、ウクライナやパレスチナの事態を予測するかのように文庫化された。恐れる、虚勢を張る、恋する、絶望する、他者に幻想を抱く。非常事態下の女性たちの感情は、どれも私の想像を超えた理由とリズムで生起していた。

3　黒柳徹子『窓ぎわのトットちゃん』講談社文庫（電子版）、二〇一五年

初版は一九八一年。社会からはじき出されたある子どもが居場所を見つけた。そこに開いた小さな窓から戦争が迫る外の世界を見つめた。その経験を忘れず、四〇年後、子ども時代のままの言葉で本を書いた。その本がまた四〇年後に読まれている。すべてが奇跡のよう。続編や同題のアニメーション映画（八鍬新之介監督）もぜひ。

4　岡﨑乾二郎『絵画の素——TOPICA PICTUS』岩波書店、二〇二二年

5　パピヨン本田文・絵『常識やぶりの天才たちが作った美術道』KADOKAWA、二〇二三年

美術の歴史の多くは、文字資料を重視する「美術史」の研究者によって語られる。しかしアーティスト自身の手による美術史は様相を異にする。岡﨑は、色や形でできた別種の言語、すなわち視覚言語を武器にして綿密に作品を読み解く。本田は、ライバル心を胸に諸先輩の創造の秘密に肉迫する。彼らは共に、遠い時代と場所に生きた同業者たちと直に対話し、「美術史」の時系列をかき乱すのだ。内容に深く介入する後者のブックデザイン（牧寿次郎）も秀逸。

十川幸司（精神分析・精神医学）

1　E・ロワイエ、P・マニグリエ編『ヤーコブソン／レヴィ＝ストロース往復書簡——1942-1982』小林徹訳、みすず書房、二〇二三年

二〇世紀を代表する二人の碩学の煌めくような知的交流が鮮明に伝わってくる書簡集。構造主義といえば、ソシュールの言語学の鍵となる「シニフィアンとシニフィエの恣意性テーゼ」を前提とする知的潮流と考えられがちだが、ヤーコブソンは、音と意味を切り離して考えることはできないと明言し、レヴィ＝ストロースも文字と色の共感覚性に関心を示している。二人は普遍的形式を成立させる具体的な経験の特異性に鋭敏であり、記号の恣意性テーゼに対しては否定的である。この書簡集には彼らの特異的なものに対する感性が溢れ

ているが、そこに構造主義という野心的な企てに潜む繊細な思考の動きを感じ取ることができる。

2 岡﨑乾二郎『頭のうえを何かが』ナナロク社、二〇二三年

脳梗塞のストロークからの恢復期に描かれた素描集。絵を描くという反復行為は、画家をカオスから掬い出し、絵には生命の形とリズムが生まれてくる。リハビリ生活は、苦しく、辛い経験だっただろうが、このクレーの絵のような無邪気な素描には、否定的なものは一切なく、生の純粋な肯定がある。

3 宇野邦一『非有機的生』講談社選書メチエ、二〇二三年

私たちの生は、様々な形の有機性と非有機性が折り畳まれている。非有機性とは、例えば言語であり、今日であればとりわけデジタル技術である。それらが私たちの生の様態を変容させている。有機性と非有機性は、解像度を上げれば境界が揺らぐ危うい対立項だが、著者は非有機性の次元に着目し、芸術、思想、政治を粘り強く論じている。非有機的生とは著者の哲学的営為が生み出した魅力的な概念であり、またさらなる思索をもたらす問いでもある。

4 ジャック・デリダ『生死』吉松覚・亀井大輔・小川歩人・松田智裕・佐藤朋子訳、白水社、二〇二二年

この講義録のフロイト読解箇所を、講義の四年後に出版された『絵葉書』と比較するなら、デリダが自身の「語り」を「書く」段階において、どのように変換しているか、よくわかる。フロイトの『快原理の彼岸』読解作業は、いまだにデリダの読解の影響から逃れていないが、この講義録をあらためて読み、デリダの stricture（英語の「拘束」とフランス語の structure＝構造との掛け合わせ。「緊縛構造」と訳されている）という概念の重要性がはじめて理解できた。心的な興奮を締めすぎず、緩めすぎないという stricture の二重性が、人間の生を可能にしている。

5 カール・ヘラップ『アルツハイマー病研究、失敗の構造』梶山あゆみ訳、みすず書房、二〇二三年

レカネマブが「画期的な」新薬として喧伝されている今、読むべき必読書。アルツハイマー病は、定義することさえ困難な、複雑極まる病態だが、それを素朴なアミロイドβ仮説で説明し、治療薬を開発するというのは無理筋な話だ。新薬は、数年で姿を消す可能性が高い。著者は、この病態の多様性と個別性を解明しうる新たなモデル（「地区モデル」）を提起しているが、きわめて示唆に富む。

千田 善

（国際ジャーナリスト）

1 小泉悠『ウクライナ戦争』ちくま新書、二〇二二年

2 高橋真樹『ぼくの村は壁で囲まれた――パレスチナに生

きる子どもたち』現代書館、二〇一七年

「二〇世紀も末になって、こんな戦争が起きるとは」とは、一九九〇年代のユーゴスラヴィア紛争の際に聞かれた言葉だが、その嘆きは「二一世紀にもなって」起こったウクライナ、パレスチナでの戦争にも共通する。ニュースの理解のためには背景を知ること。2に関連して、高橋和夫『なるほどそうだったのか!! パレスチナとイスラエル』（幻冬舎、二〇一〇年）も。

3　島沢優子『オシムの遺産――彼らに授けたもうひとつの言葉』竹書房、二〇二三年

元サッカー日本代表監督イビチャ・オシムさんについて、薫陶を受けた選手やスタッフ、通訳、練習試合の対戦相手の監督などの証言をまとめた良書。サッカー関連では陣野俊史『ジダン研究』（カンゼン、二〇二三年。八一五ページ超の大著！）にも注目。

4　山崎ヴケリッチ洋『山崎洋仕事集――丘を越えて海を越えて』西田書店、二〇二三年

旧ユーゴスラヴィア研究の第一人者による、単行本未収録の著作・講演・エッセイ集。いちばん面白かったのは、同氏の幼なじみ高木一成氏による後記「山崎洋君のこと」。ゾルゲ事件に連座し網走刑務所で獄死したクロアチア人のジャーナリスト、ブランコ・ヴケリッチを父に持つ山崎氏の伝記である。

5　平谷美樹『賢治と妖精琥珀』集英社文庫、二〇二三年

宮澤賢治没後九〇年に書き下ろされた。賢治のサハリン行きに題材を採った「大正ロマンファンタジー」。作者は岩手出身。奇想天外なストーリーの中に、こういう賢治理解があってもいいと思わせるディテイルがある。賢治のサハリン行きでは、梯久美子『サガレン――樺太／サハリン 境界を旅する』（KADOKAWA、二〇二〇年）も。

番外　梨木香歩『冬虫夏草』新潮文庫、二〇一七年

ファンタジー小説は好みによって外れもある（個人の感想です）。梨木香歩は読まず嫌いだったが、古書店で装丁のきれいな『家守綺譚』（新潮社、二〇〇四年）を手にとって考えが変わった。番外はその続編。そのまた続編（スピンオフ）に『村田エフェンディ滞土録』（角川書店、二〇〇四年）がある。たんなるファンタジーというよりは「明治ロマン」風味の自然（植物）小説でもある。

鈴木　布美子（映画）

1　山内朋樹『庭のかたちが生まれるとき――庭園の詩学と庭師の知恵』フィルムアート社

京都の福知山にある古寺での作庭の現場に密着し、その過

程を庭師とともにつぶさに記録しつつ、そこに込められた造形的な意図や庭造りという集団的な作業の意味を掘り下げていく。美学者で庭師でもある著者による記述はとてもきめ細やかで興味深い。驚いたのは、この庭作りには設計図がないこと。すべては既存の庭を文脈として読み込んだうえでの、即興的とも言える試み＝布石の積み重ねなのだ。そのプロセスは想像以上にスリリングで面白い。

2　石山修武『原視紀行――地相と浄土と女たち』コトニ社

　コロナ禍の最中に石山修武が行った三回の旅をめぐる紀行文、その旅に同行した写真家の中里和人と美術館学芸員の野田尚稔による写真と解説という三つの要素が組み合わされた一冊。旅の舞台となるのは、新潟の糸魚川市から日本海沿岸、東北の奥州平泉といわき市、そして伊勢松坂の三地域。旅先の風景は建築家の脳裏にさまざまな書物やイメージの記憶を呼び覚まし、そこから自由に展開する想念の連鎖が興味深い。その絶妙な逸脱性は写真や解説文にも伝染したようで、石山のテキストに寄り添いつつも、そこに収まり切らない豊かな表情と多彩な展開を見せている。

3　Arthur Rimbaud, *Une saison en enfer. 1873: Et autres poèmes*, Gallimard

「地獄の季節」の一五〇周年を記念した大判の豪華本で、監修と構成を担当したのはロックシンガーで詩人のパティ・スミス。ランボーの詩作品や書簡、草稿の複写に加えて、スミスによる写真、ドローイング、テキストが収められている。一六歳でランボーの詩に出会って以来、彼女はこの詩人に心酔し続けてきたという。この本ではその深い「ランボー愛」が随所から感じられる。ヴィジュアルも美しく、特に「母音」の詩とヴェルレーヌがランボーを撃ったときの拳銃の写真を組み合わせたページが秀逸。

國分 功一郎（哲学）

1　ジル・ドゥルーズ「ミシェル・トゥルニエと他者なき世界」（『原子と分身』原田佳彦・丹生谷貴志訳、哲学書房、一九八六年所収）／同『意味の論理学』小泉義之訳、河出文庫、二〇〇七年

2　ミシェル・トゥルニエ、J・M・G・ル・クレジオ『フライデーあるいは太平洋の冥界／黄金探索者』池澤夏樹個人編集『世界文学全集』2-9、河出書房新社、二〇〇九年

　二〇二三年の中盤は、ドゥルーズのトゥルニエ論とトゥルニエのロビンソン小説をじっくりと読み返しながら、自分がここ数年間取り組んでいる「類似的他者」の概念を扱った英語論文執筆に没頭していた（この概念については次の書籍に収められた拙論を参照していただければ幸いである。檜垣立

哉他編『ドゥルーズの21世紀』河出書房新社、二〇一九年。英語論文はラウトレッジ社より発売予定の*Deleuzian Mind*という書籍において発表される)。

ドゥルーズの他者概念は実に多くのことを考えさせる。それは一九七〇年代に、自民族中心主義や植民地主義に対する批判から取り出された他者概念(に基づく政治概念)とも違うし、九〇年代、すなわち冷戦終結後の、多文化主義がもてはやされていた時代に流行した類の「他者との絶対的差異」(に基づく倫理概念)とも違う。二〇世紀後半の哲学から見ると、もしかしたらドゥルーズには他者が欠けているようにすら見えるかもしれない。ドゥルーズは他者がいればこそ成立する自我と、他者などいない世界で生きる可能性とを同時に肯定してみせた。それは今もなお、決定的に新しい。

七〇年代に教育を受けた者たちが論者になって九〇年代の「他者」思想が形成された。九〇年代に教育を受けた者たちによって現在の「他者」思想が形成されつつある。七〇年代の「他者」思想は、反省した不良たちの思想だった。九〇年代の「他者」思想は、優等生たちの思想だった。現在の「他者」思想はどうか。

私には、〈ヘイトスピーチとフェイクニュースによって満たされたネット空間〉という事態は急速に変貌しつつあるように思われる。今後、二〇二〇年代中盤のネットにおいて問題になるのはおそらくスターリニズムであろう。密告と糾弾とつるし上げが、何らかの「他者」の名の下に、教養として行われる。それを止めようとするならば、自分に火の粉が降りかかることを覚悟せねばならない。

私はこの思想状況がここ五〇年ほどの「他者」思想の帰結であると感じている。ドゥルーズにはこのような帰結がもたらされることが分かっていたのではなかろうか。ドゥルーズの他者概念は今こそ再検討されねばならない。

堀 潤之 (映画研究)

1 Timothy Barnard and Kevin J. Hayes, eds., *Reading with Jean-Luc Godard*, Caboose, 2023

モントリオールの独立系出版社から昨秋に刊行された本書は、五〇名の執筆者がゴダールと一〇九冊の書物との関わりを読み解く論集である。私自身も寄稿しているので手前味噌ではあるが、ゴダールのアナーキー的な教養に触発されてこれまで多数の本を読んできた者にとって、本書はゴダールの精神世界の「巨大なリゾーム」(フレドリック・ジェイムソンの序文より)に迷い込むような稀有な読書体験をもたらしてくれる。

2 E・ロワイエ、P・マニグリエ編『ヤーコブソン/レヴ

ィ＝ストロース往復書簡――1942―1982』小林徹訳、みすず書房、二〇二三年

ゴダールはかつて、ロマーン・ヤーコブソンの『音と意味についての六章』（花輪光訳、みすず書房、二〇一七年）を「映画について書かれた本のなかで最も面白い」（！）と発言したことがあり、若い頃はソルボンヌで民族学を学ぼうとした。この往復書簡は、ゴダールの知的形成にも少なからぬ影響を及ぼした二人の知の巨人の「日常」的なやり取りを見せてくれて楽しい。

3 フィリップ・ラクー＝ラバルト、ジャン＝リュック・ナンシー『文学的絶対――ドイツ・ロマン主義の文学理論』柿並良佑・大久保歩・加藤健司訳、法政大学出版局、二〇二三年

ゴダールの映画とドイツ・ロマン主義は、「断片」「機知」「批評」等々の主要概念を通じてさまざまに連結することができる。その導きの糸としても本書は欠かせない。原語が独仏両語にまたがる本書を完全な形で訳出したのは英断であり、それを成し遂げた訳者たちにも敬意を表したい

4 フリードリヒ・シュレーゲル『ルツィンデ 他三篇』武田利勝訳、幻戯書房、二〇二二年

『文学的絶対』を読み進めているうちに、シュレーゲルの小説も読みたくなり、この新訳に手をのばした。この破格の「小説」の戦略的な支離滅裂さやイロニーに、六〇年代ゴダールとの近接性を見て取ったらあまりに牽強付会だろうか。

5 Nicole Brenez, *Jean-Luc Godard*, de l'incidence éditeur, 2023

『イメージの本』（二〇一八年）など、最晩年のゴダールの密接な協力者の一人でもあったフランスの映画研究者ニコル・ブルネーズのゴダール論集。偶像崇拝をめぐる神学的議論や、ドイツ・ロマン主義の言説に照らしてゴダールを読むという、意欲的な論考も収録。本書には、二〇一七年から二二年にかけてゴダールから断続的に送られてきたという五〇通以上のeメールも収められているが、画像と寸言を組み合わせた判じ絵のようなそれらのメッセージは、ほとんどスフィンクスの謎かけのようでもある。

近藤 和彦

（西洋史）

1 マックス・ウェーバー『支配について』全二巻、野口雅弘訳、岩波文庫、二〇二三―二四年

ウェーバーの『宗教社会学論集』と『経済と社会』は、どちらも第一次世界大戦直後に刊行された圧倒的な著作だが、インフルエンザ・パンデミックでウェーバーが五六歳で急死したので、『経済と社会』は本人の推敲をへていない死後出版である。遺稿を解読し編集した妻マリアンネの尽力で初版

（一九二一―二二年）が刊行され、さらに五六年にはヴィンケルマンによる再編集版、七二年にはその改訂註釈版が公刊された。浩瀚な原著のうち、今回の『支配について』にあたる部分は、かつて世良晃志郎がヴィンケルマン編五六年版を底本に、懇切な訳注を付した『支配の社会学』二巻本として創文社から出版していた。わたしたちの世代はこの世良訳で勉強したものだ。

だが、そもそもヴィンケルマンの版でも「支配の社会学」の各部の頭に「断片」（Abschnitt）と記されていたように、これらは未定稿なのである。初版以来の各版の構成・編集方針について七〇年代からドイツのテンブルック、日本の折原浩が疑問を呈し、批判的に議論してきた。だが、二一世紀の新版ウェーバー全集の該当巻では、指摘され批判されてきた問題点から逃避するように、ヴィンケルマンの付した編集番号も見出しも消去して、単調なテクストの連続とした。ほとんど読者の忍耐心を試すかのように。これらの経緯について、折原浩『マックス・ヴェーバー研究総括』（未來社、二〇二二年）が詳しい。

創文社の解散した今、はたして野口の新訳二巻本は、学生にもアクセスしやすい岩波文庫ということ以上にどんなメリットがあるのか、期待して手にした。

訳者あとがきⅡによると、野口はバイエルン科学アカデミーで新版の編者エディト・ハンケに「本当にお世話になった」という。だが、『経済と社会』の再編集をめぐって折原が質疑と提案を続けたテンブルックおよびシュルフター（いずれも故人）との交渉については、触れられていない。かろうじて、ウェーバーの原稿にある（前述、後述という）参照指示により『経済と社会』を再構成しようという「折原の提案が受け入れられることはなかった。それでも彼の研究以後……未完の『経済と社会』をめぐる研究を促進し、遺されたテクストの理解を高めた」と記す。

野口の立場は、この二分冊（索引も含めて計一〇〇〇ページを越える）から知れるかぎりで、「全体として包括的に理解しようとしなければ、わからないことがある。……しかし、未完の断片は未完の断片として……読み解かれる余地と可能性がある」ということのようだ。

そもそもウェーバーの原文は長すぎる。全体の分量はさておき、センテンスもパラグラフも長大すぎて、読者に緊張を強いる。野口は対策として「この翻訳ではかなり意識的に一文をいくつかに分けて訳し」「一文ごとに改行し」、さらにオリジナルの「段落に番号を付け、その段落のキーワードを入れた」。こうした思い切った決断により一文が細切れになる場合もあるが、翻訳の段落が元のセンテンスなのだと意識しながら読むと、じつは合理的で、今日の読者にやさしい工夫といえよう。各巻末に用語解説がある。

ただし「レジティメイトな支配」「レジティマシー」といった表記は、いただけない。丸山学派に遠慮して（？）「法学・政治学では一般に……「正統性」と訳されてきた」というが、そうか。世良訳に立ち返って「正当な支配」「正当性」とすべきだろう。逃げのカタカナ表記は不親切だし、誤解をまねく。

2　嘉戸一将『法の近代――権力と暴力をわかつもの』岩波新書、二〇二三年

タイトルから近代実定法の合理性みたいなことを説く新書かと思いこみ、「積んどく」したままだった。なにかの拍子に手にとって読み始めたら、止められない。これは博学な著者による、ローマ法から今日の主権者論にいたる「法」思想史である。その法とは、制度・倫理・慣習もふくむノモスで、尾高朝雄のことを想わせる。

3　Eduardo Posada-Carbo, Joanna Innes and Mark Philp eds., *Re-Imagining Democracy in Latin America and the Caribbean, 1780-1870*, Oxford University Press, 2023

オクスフォードのイニスが組織する共同研究「デモクラシのイメージ更新」の連作三巻目。一八世紀後半―一九世紀半ばの「諸革命の時代」における「ことば」、その用法に注目する。このプロジェクトはかつてのような、震源フランスから波紋の広がる近代思想史ではない。古代、そして人文主義由来の概念がいかに広汎な地域で、同時代的に新しい意味と力をもつのか、探究し比較する。二〇世紀末に社会史から言語論的転回にいたった歴史学の、二一世紀におけるポジティヴな成果といえる。わたしたちからすると、時代区分の終期が一八五〇年から七〇年へと下り、地域もラテンアメリカまで広がってきたからには、一八七〇年前後のユーラシア東端、日本・朝鮮・清についても議論しないわけにゆかない。「民主」とは古代の漢語で、民の主君（王）という意味があったので、デモクラシーの訳語としては使われず、民権、民政、共和などが用いられたようだ。ことばを軸にした政治社会の歴史は、すでに中澤達哉編『王のいる共和政――ジャコバン再考』（岩波書店、二〇二二年）などで始まっている。

4　ロバート・ダーントン『検閲官のお仕事』上村敏郎・八谷舞・伊豆田俊輔訳、みすず書房、二〇二三年

フランス一八世紀の『猫の大虐殺』（海保眞夫・鷲見洋一訳、岩波書店、一九八六年）や『革命前夜の地下出版』（関根素子・二宮宏之訳、岩波書店、一九九四年）で知られるダーントンは、一九八九年、ベルリンの壁の崩壊に立会い、ルポルタージュも刊行している。今回は一八世紀フランス、英領インド、冷戦下の東ドイツの三部構成で、原著の副題にあるように「国家はいかに書物を形作ったか」を探究する。検

閲という国家干渉が文学・出版をどう規定してきたか。社会文化史のダーントンが国家史に棹さして、歴史的・社会的な特性を浮き彫りにする。

5　大澤真幸『私の先生――出会いから問いが生まれる』青土社、二〇二三年

　大澤にとって一九七七年、東大に入学して「見田宗介先生＝真木悠介」と出会ったのが決定的だった。同じようなインパクトを、憲法学の石川健治も一九八一年に経験したと『思想』の特集号（二〇二三年八月）で語っている。幸か不幸か、わたしの場合は一九六六年入学、見田はまだ専任講師の二年目で、知る人ぞ知る存在だった。折原浩の講義と同じ時間枠で、両方を履修することは不可能だった。正規の講義でなく、秋の催しで見田の講演を聴いて、見田ファンの言うことはなるほどと納得した。社会学に進学した船橋晴俊が（七〇年代に入ってから）真木悠介という筆名の由来を語ってくれたが、なぜ名を分けなくてはならないのか、今も納得していない。

　三〇歳前後の折原と見田は（方向性は異なるが）東大社会学の将来を代表具現するような趣だった。それが六八年から七〇年代に大きく転回する。二人のそれぞれの問題は、二人のあいだの絶妙な友情があってこそ、維持・克服されたかと思われるのだが、大澤の書では折原はあたかも存在しないかのような扱いである。

鎌田 慧（ルポライター）

1　出河雅彦『おろそかにされた死因究明――検証：特養ホーム「あずみの里」業務上過失致死事件』同時代社、二〇二三年

2　青木美希『なぜ日本は原発を止められないのか？』文春新書、二〇二三年

3　尾形明子『『女の世界』――大正という時代』藤原書店、二〇二三年

4　北海道放送報道部道警ヤジ排除問題取材班『ヤジと民主主義』ころから、二〇二二年

5　村松武司（斎藤真理子編）『増補　遥かなる故郷――ライと朝鮮の文学』皓星社、二〇一九年

　1　冤罪事件を分析したユニークな著書。著者は極めて冷静に筆を進めている。テーマは殺人事件のような、極端な犯罪ではない。著者は長年、医療事故、医療犯罪を取材してきたのだが、今回は特養ホームの入居者が、喉におやつのドーナツを詰まらせて死去した事件の取材と分析である。看護職員が業務上過失致死（注視義務違反）として起訴され、罰金二〇万円の有罪判決を受けた。しかし、捜査段階では、死因追及のための死体解剖がなされていなかった。結局、控訴して高裁で無罪になった。窒息死ではなく、脳梗塞による心肺

停止だったのだ。高裁では最大の争点だった死因について、判定しなかった。背景に日本では司法解剖が極端に少ない、という現実がある。解剖率が九・五％だが、欧米並みに五〇％にする必要がある、と主張している。

2　原発が放射能汚染をまき散らす前に、カネをまき散らして、政治と社会を汚染してきたのは、いまや常識だ。電気料金に上乗せされたあぶく銭が電力会社幹部に「還流」していた、関西電力と高浜町（福井県）助役との関係は、その見事な図式だった。パーティ券をめぐるキックバックなどは、電力会社と自民党幹部の間では常態だった。広告費によるマスコミ汚染もひどかった。朝日新聞の原発にたいする「イエス・バット」の姿勢はよく知られている。福島事故から一二年、報道の場にいて、マスコミにたいする渾身の総括。

3　大正年間、『実業之世界』の発行人・野依秀市が創刊し、アナキスト系の安成二郎がそのあとを継いだ雑誌。大逆事件のあとの大正期、ロシア革命を挟んだ六年間発行された。そのバックナンバーを保存先で確認。登場する新しい女たちの紹介と考察は、貴重な時代考証となっている。さまざまな女性作家が、写真とともにあらわれ、「アナーキーで猥雑、自由奔放、変幻自在な可能性」の時代と表現されている、百花繚乱。著者の時代観が躍動している。

4　二〇一九年七月一五日、札幌駅南口。広場に一二〇〇人の群衆が集まっていた。街宣車に安倍晋三首相（当時）がいて演説しはじめた。と一人の若者が声をあげた。「帰れ！安倍やめろ」。と四、五人の私服警察官があらわれ、一気に三〇メートル後方に連れ去った。この事件にたいして、わたしはまるで「弁士中止」の言論弾圧だ、と北海道新聞にコメントした。が、著者たちはその後も取材し続け、札幌地裁が表現の自由の侵害として、八八万円の支払いを命じたあとも取材を続け、ドキュメンタリー映画にした。「カメラのいる前で堂々と警察は違法なことをやった。マスコミは無視されたんですよ」。元道警幹部のコメントだ。

5　著者は三代にわたる朝鮮植民者である。京城（ソウル）に生まれ、二一歳まで朝鮮で暮らしていた。在日朝鮮人の三代目というのは理解できるが、「引揚者」ではない、帰るべき故郷のない「植民者」の存在の不確かさ、というのは、体験者でないと理解できない。著者のもうひとつの体験は、幼児の時の、ライ（ハンセン病）家族との出会いである。このふたつの中心点をもつ楕円、という人生は苦渋に膨らんでいる。そういえば、カミュの存在もそうだったのだ。

佐藤　良明

（アメリカ文学・ポピュラー音楽）

1　大谷能生『歌というフィクション』月曜社

日本のうたを、江戸時代から現代まで、一まとめに語ることが可能になったんだとの感慨を得た。都々逸も、近代定型詩も、高座でうなる浪曲も、西洋風の唱歌も歌曲も、アメリカ由来のポップソングも、それらが土着化した歌謡諸ジャンルも。古い世代の音楽学者には「耳」が届かなかった広範な音源の細部を聞き取り、クラシック世代の教養やらロック世代のこだわりやらを脱ぎ捨てたところで、大滝詠一的な諧謔のこころを持って痛快に語りさばいていく。音楽だけではない。日本語という言語を日本語ネイティブの耳で分析することが、今まで十分になされてこなかったことも思い知らされる。西洋から移入された知識が、日本人の理解を曇らせている領域の最たるものが歌と言葉であったとしたら、今後の見通し、これでだいぶ明るくなった。

2　古川日出男『の、すべて』講談社

いや、小説家も負けていない。スサノオノミコトがあばれた神国日本を、ポピュリスト的心性に覆われた現代の政治風景に重ねつつ、平成のはじまりとコロナ禍の現在をスイングする。文学愛好者が引いてしまうようなタイトルも意図的なのか。オビの惹句を読んでも何の話かわからない（「「恋愛」の行方を追って、黄泉の世界へ」？）が、〈異形の伝記〉と銘打った語りの中で、どのようにフィクションを転がしていくのか、作家の決断は潔い。それと古川流の語り文、いつもに増してキレキレだ。私たちは、欧語風のセンテンスによってではなく、こんな形の日本語に寄りかかって日々コミュニケーションをしているのだと教えられる。はたちの娘とその伯母の、車中会話の息遣いに、ニッポンのミライがウォーォーとする。

3　大場正明『サバービアの憂鬱——「郊外」の誕生とその爆発的発展の過程』角川新書

戦後のアメリカに共鳴しながら、小説を読み映画を見続けてきた僕ら日本人に向けて書かれた本。三〇年前に刊行され、永らく絶版になっていた。全二六章で扱われる書籍と映画は、読者の目の高さで綴られ、物語とその背景をきめ細やかに追いながら、五〇年代、六〇年代、七〇年代、八〇年代と、全体ではかなり膨大な数の作品をカバーする。後の時代の文学研究者は批評的な「立ち位置」を気にするあまり、このように伸びやかな議論を展開しづらくなってしまった。まあアメリカ自体が輝ける隣人だったこともあるのだろう。社会の分断が際立つ以前のアメリカの、光あふれる「憂鬱」を楽しんできた／楽しみたい層には、うれしい復刊である。

4　栩木伸明『ポール・サイモン全詞集を読む』国書刊行会

先行出版された『ポール・サイモン全詞集　１９６４－２０１６』の訳者による全曲解説。拙訳のボブ・ディラン『THE LYRICS』（岩波書店、二〇二〇年）には「解説本」がないので、英語圏シンガー・ソングライターの一生分の歌詞について、日本人の著者が日本人向けに論じる、おそらく初の企画となった。(音楽と言葉の距離はここでも詰まった)。アート・ガーファンクルと分かれてからのポール・サイモンの楽曲とリズムの冒険についてはよく知られているとはいえない。本書をめくりながら、サブスク・サイトの音源を次々と流していくうちに、この男の、ソングの開拓者としてスケールの大きさを印象づけられることだろう。

小松 美彦

(科学史・科学論／生命倫理学)

1　『大正十二年九月一日――福島泰樹歌集』皓星社、二〇二三年

「死者との共闘」を掲げるこの歌人は、関東大震災から百年の二〇二三年、すなわち憲兵大尉甘粕正彦らに扼殺された大杉栄、伊藤野枝、橘宗一(六歳)の百周忌に際して、彼らとともに一群の無政府主義者・社会主義者、文人、画人、芸人を甦らせた。自警団などによる六〇〇〇人以上の朝鮮人と七〇〇人の中国人の虐殺がなかったことにされかけている現在、本書の価値はさらに絶大である。

2　轟孝夫『ハイデガーの哲学――『存在と時間』から後期の思索まで』講談社現代新書、二〇二三年

前期の主著『存在と時間』から、難解な神秘主義に転じたと目されがちな後期の著作までを丁寧に辿り、ハイデガーの思索が一貫した問題意識のもとに深化してゆくさまを詳解した快作。その論述展開のなかで、彼のナチへの接近や反ユダヤ主義的発言が、人種的な差別ではなく、ユダヤ・キリスト教・ギリシア的な「主体性の形而上学」に対する批判の一環であることも明らかにした。

3　倉沢愛子・松村高夫『ワクチン開発と戦争犯罪――インドネシア破傷風事件の真相』岩波書店、二〇二三年

一九四四年、日本軍統治下のインドネシアで約四〇〇人の労働者が破傷風で死亡する惨事があり、当地の有力医学者による対日謀略と断罪された。〝主犯〟は斬首刑、二人が拷問後に獄死。本書は、それが冤罪はおろか、南方軍防疫給水部による破傷風ワクチン開発に向けた人体実験上の事故であった可能性を詳らかにした。批判は帝銀事件、さらにはコロナワクチンへと及ぶ。

4　佐藤幹夫『津久井やまゆり園「優生テロ」事件、その深層とその後――戦争と福祉と優生思想』現代書館、二〇二二年

二〇一六年に書名の福祉施設で四五人の知的障害者と職員が殺傷された未曾有の事件を多角的に徹底批判した。「孤独」を切り口に犯行の動機から正当化までを考察した第Ⅲ部の人間学的犯罪論が圧巻。以上は戦争・福祉・優生思想をめぐる

日本の歴史的現在に対する批判的討究でもある。だが本書の真価は、エピローグに収録された著者の父の手記を読了したとき、初めて体感されよう。

5 菅孝行『ことにおいて後悔せず――戦後史としての自伝』航思社、二〇二三年

陸軍中将の末子にして非党派左翼の自伝であり、数々の秘話も含めてリアルな日本戦後史ともなっている。幼少期の家庭と学習院、六〇年安保前後の東大、映画界、演劇界、論壇、反体制運動、予備校等々を時系列的な舞台として、膨大な数の人々を登場させ、率直な人物評価が下されていく。総じてみずからの人生総括だが、しかし「唐獅子牡丹」を十八番とするこの人の思考と活動はいまだ閉じられていない。

番外 高鳥都『必殺シリーズ秘史――50年目の告白録』立東舎、二〇二二年

三〇名の必殺シリーズ関係者へのインタビュー集。「人は死んではならない」と論じてきた私は、とりわけ《仕掛人》《仕置人》《新仕置人》の熱烈ファンであり、青春時代は当シリーズと共にあった。いまだ大学の死生学などの授業でも活用させてもらってもいる。かかる私にとって、本書は五〇年目の至宝である。第二弾『必殺シリーズ異聞――27人の回想録』（立東舎、二〇二三年）も必携。

丘沢 静也

（ドイツ文学）

1 エンニオ・モリコーネ、アレッサンドロ・デ・ローザ『あの音を求めて――モリコーネ、音楽・映画・人生を語る』石田聖子・岡部源蔵訳、フィルムアート社、二〇二二年

一九八四年に『ワンス・アポン・ア・タイム・イン・アメリカ』を有楽町マリオンの日本劇場で見て以来、モリコーネのファンになった。「キーボードとギターとドラムを使うような音楽家じゃない」モリコーネは、朝四時四〇分から五時二〇分までの体操を、四〇年間つづけていた。凝った作曲をしたモリコーネは、応用音楽（映画音楽など）より絶対音楽を重視していた。

2 日野行介『情報公開が社会を変える――調査報道記者の公文書道』ちくま新書、二〇二三年

デジタル化により、政府のやっていることは透明にして、個人のことは不透明な部分を残す。このオードリー・タンの考えに逆行しているのが日本の政府。誰でも使える情報公開請求を調査報道記者が指南してくれる。「公文書道」は楽ではないが、みんなで汗をかけば、いい加減な行政に風穴をあけることができる。名将イビチャ・オシムは、汗をかく選手が好きだった。

3 泉房穂（鮫島浩聞き手）『政治はケンカだ！　明石市長

の12年』講談社、二〇二三年
四面楚歌を愛し、市民を味方につけた明石市長が、「こんなものなんだよ」と言う既得権益とケンカして、明石市を変えた。政治の本を読めばウンザリしてしまうが、この本を読むと元気が出る。泉房穂のような人をリーダーにすれば、政治が変わる。

4 エッカーマン『ゲーテとの対話』全三巻、山下肇訳、岩波文庫、一九六八―六九年
エッカーマンは対等の相手ではなく聞き役だから、「対話」というよりは「会話」だ。ニーチェに言わせれば、「ゲーテのエッカーマンとの談話（おしゃべり）」は、「何度もくり返し読むに値する、ドイツ語の散文の宝物」。ゲーテは過去の自分にとらわれず、矛盾など気にせず、多様に考えた。

5 『ゲオルク・ビューヒナー全集 作品巻』ポッシュマン版、Deutscher Klassiker Verlag, 2006
「小屋には平和を！ 宮殿には戦争を！」とパンフレットに書いて指名手配された医学生。二三歳でビューヒナーはチフスで亡くなったが、その『ダントンの死』『レンツ』『ヴォイツェク』には、従来の「こんなものなんだよ」という作法を軽々と破る天才の、革命志向と鋭さと抒情がある。エッカーマンの凡庸さも捨てがたいが、それとは正反対の魅力がキラキラ。

斎藤 環（精神病理学）

二〇二三年はさまざまな意味で、従来の認識を更新させてくれるような本との出会いが多かった。その中から五冊を挙げる。

1 川上未映子『黄色い家』中央公論新社
著者はじめてのノワール小説である。貧困女子だけのユートピア的コミュニティを守るべくカード詐欺に走るヒロイン、花。巧まずして彼女を導いてしまう黄美子は、まさに「ケアの倫理」を象徴するような存在だが、それは優しさの源泉であるとともに、いびつな支配と依存をもたらしてしまう。世を挙げての「ケア」ブームに先駆けるように、その両義性を鋭く描き出しつつ、残照のような余韻を残す愛おしい物語でもある。

2 メアリー・ボイル、ルーシー・ジョンストン『精神科診断に代わるアプローチ PTMF――心理的苦悩をとらえるパワー・脅威・意味のフレームワーク』石原孝二・白木孝二・辻井弘美・西村秋生・松本葉子訳、北大路書房
英国心理学会の臨床心理学部門は、精神医学で用いられているDSMやICDなどの診断基準には重大な限界があるとして、根本的なパラダイムシフトを推進している。PTMFとは「パワー、脅威、意味のフレームワーク」を指すが、簡

単に言えばこれは従来のメンタルヘルスの問題を、トラウマ的な環境や経験とその意味づけ、およびそれに対する抵抗やリソースのありようとして記述し直すためのアプローチである。対人援助にあっては、拙速に診断を目指すより、ともにナラティブを構築していく過程のほうに意味があることをあらためて教えてくれる。

3　蓮澤優『フーコーと精神医学――精神医学批判の哲学的射程』青土社

『狂気の歴史』におけるフーコーの精神医学批判は、あまりに苛烈で患者をも疎外しかねない点を著者は批判する。著者はむしろフーコー最晩年の「自己の技法」論に、現代にも通ずる精神療法の指針を見出す。例えばフーコーの次の言葉。「自己の実践は、これまで自己のなかでけっして現れる機会がなかった本性と自己を一致させることによって、自己を解放することを目的とする」。この時主体は、「規格化」によってではなく、ただひとりの自分自身として主体性を回復するだろう。この治癒像は、ゴールと言うよりはプロセスとして、現代の精神医学においても十分に示唆的なものである。

4　東畑開人『ふつうの相談』金剛出版

さまざまな学派が入り乱れる心理療法の領域で、誰もが一度は大統一理論を作ることを夢想する。著者は専門的な相談の多くを占める「ふつうの相談」に照準し、医療人類学的な視点から臨床知の球体を構築する。新たな理論構築ではなく、俯瞰的なマッピングに徹した点が重要なポイントである。どのような専門職もこの球体上に自身を位置づけうるという意味で、この球体は相互理解と連帯のための有益な足場となり得るであろう。

5　清水俊史『ブッダという男――初期仏典を読みとく』ちくま新書

著者自身が経験した大学内のアカハラ（あとがきに詳述されている）によって話題になった本ではあるが、少しでも初期仏教に関心がある人にとっては、根底的な認識の変化を迫られる衝撃の書。一般にイメージされている「ブッダは平和主義者だった」「業と輪廻を否定した」「男女平等を主張した」といったブッダ像が、近現代の仏教学者によって近代的価値観を投影された「神話のブッダ」であったことを徹底的に検証する。

三中 信宏

（進化生物学）

1　内田百閒『東京焼盡』大日本雄辯會講談社、一九五五年

2　湯澤規子『「おふくろの味」幻想――誰が郷愁の味をつくったのか』光文社新書、二〇二三年

3　セシリア・ワトソン『セミコロン――かくも控えめであ

まりにもやっかいな句読点』萩澤大輝・倉林秀男訳、左右社、二〇二三年

4 千葉聡『招かれた天敵——生物多様性が生んだ夢と罠』みすず書房、二〇二三年

5 Frederick Burkhardt et al. eds., *The Correspondence of Charles Darwin*, Volume 30: 1882, Cambridge University Press, 2023

私自身が長年にわたって日記を書き続けてきたこともあって、他人の遺した日記には特段の関心がある。百鬼園こと内田百閒の日記『東京焼盡』は、太平洋戦争末期（一九四四年一一月一日から一九四五年八月二一日まで）のたび重なる米軍大空襲で〝帝都〟がいかにして灰燼に帰したかを書き綴った日記だ。戦火の中あえて疎開することなく、東京に留まり続けた百閒は、本書冒頭で「何ヲスルカ見テヰテ見届ケテヤラウト云フ氣モアツタ」と記している。しかし、自宅が焼夷弾爆撃で焼けてしまい、その後一〇年経っても「邊リ一面ノ燄ノ色ヲ思ヒ出ス」ほどのトラウマになってしまった。それにしても、百閒はなぜ東京が燃えていくようすを克明にしかも淡々と記録できたのか。米軍機が襲来した際の警戒警報と空襲警報の発令時刻をそのつど記録している。日中はもちろんのこと真夜中でもおかまいなしに警報が鳴り響き、そのつど、百閒夫妻は服を着替えて防空壕に逃げ込む。迫りくる身の危険をも顧みず、低空飛行するB－29の機体を見上げては「機體や翼の裏側が下で燃えてゐる町の燄の色をうつし赤く染まつて、ゐもりの腹の様である。もういけないと思ひながら見守つてゐるこちらの眞上にかぶさって來て頭の上を飛びすぎる」と戦火から逃げ惑いながらも観察を怠らない。自宅から焼け出されて、三畳一間の小屋での仮住まいになっても、「満更悪い氣持でもない」とやせ我慢しつつ、「外に行く所もないし、かうして坐つて見ると落ち着いた氣持がする、この小屋が氣に入つたから安住したい」とまで言う。ひょっとして百閒はとんでもないオプティミストなのか。戦火はますます激しくなり、その日その日の米や合成酒の配給にも事欠くようになっても百閒はがまんを続け、たまに酒やビールが手に入れば大喜びで呑む。日々窮乏する生活をどのようにしのぐかという〝生活者〟の視点がいつもどこかにある。さらに、世間の相互監視の目も日に日に厳しくなる。白っぽい夏服は敵機の標的になるから着るなというお達しを無視して、百閒は涼しい夏服を着る。〝他人の目〟を気兼ねすることが「どれ丈日本人を意氣地無しにしたか解らない」と書く。そして迎える敗戦の日。詔勅を聴きながら「熱涙滂沱として止まず。どう云ふ涙かと云ふ事を自分で考へる事が出來ない」と言いつつも、「新らしい日本の芽が新らしく出て來るに違ひない」と早くも〝戦後〟の復興を見据える。『東京焼盡』最後の日付の一九四五年八月二一日には、太田道灌を引用しつつ、

「濡れて行く旅人の後より霽るる野路のむらさめで、もうお天気はよくなるだらう」と記す。そして、敗戦の翌日からは『百鬼園戰後日記』（小澤書店、一九八二年）へと切れ目なく続いていく。どんな状況にあっても日記を長く書き続けることは、その動機が極私的であったとしても、記録そのものは後世に利する意義があるだろう。長く続けたから意義が生まれるのであって、意義があるから長続きしたわけではない。百鬼園先生はたくましい持久力をお持ちだった。八〇年も前の日記なのに、今の世界を見渡せばかえってリアルにさえ感じられる。

唐の第二代皇帝・太宗が七世紀に編んだ『帝範』には「夫食為人天」（それ食は人の天たり）という有名な言葉がある。人は日々食べたものによってつくられる。食べ物の記憶や恨みはいつまでも消えることがない。百鬼園先生は、戦中も絶え間なく舞い込む原稿依頼はすげなく断っても、日々の食べ物への執着はことのほか強かった。東京大空襲の前々月には「數年前の毎晩の御馳走を書きとめた御膳日記を出して見た。昭和十一年の書き始め也。今日の御飯にも困る今から見れば誠に隔世の感あり」と記している。当時人気絶頂の喜劇役者にして美食家としても知られていた古川ロッパ（『古川ロッパ昭和日記――戦中篇 昭和16年―昭和20年』晶文社、一九八七年）にも負けない食い意地の張り方だ。日々の厨房に立って今日は何をつくろうかといつも考えている私もその例外ではない。私はいったい誰から料理を教わったのだろうか。亡き母はいつも実家の厨房を取り仕切っていたが、私に料理を教えてくれることは一度もなかった。私がいまの厨房でしていることは、かつての〝味〟を復元することなのか。しかし、湯澤規子『「おふくろの味」幻想』は「おふくろの味」ということばのもつ先入観をみごとに打ち砕いてくれる。この言葉の生誕は一九五七年で、たった半世紀後の二一世紀初頭には死語も同然になったと著者は言う。「おふくろの味」というなつかしさを漂わせる〝物語〟が実は〝幻想〟にすぎないという著者の主張には説得力がある。同じ著者による前著『胃袋の近代――食と人びとの日常史』（名古屋大学出版会、二〇一八年）では、〝大きな歴史〟の流れに埋もれてしまいがちな〝小さな歴史〟の手がかりを一つ一つ掘り起こしながら、「胃袋」がたどってきた歴史の文脈に光を当てている。「食をめぐる様々な事象や問題を論じることはすなわち、生きることを論じることにもなるだろう。「日々食べる」ということ。この当たりまえの身体感覚を手離さずに歴史を描くことを、本書では「日常史」の構築と意味づける」という著者の視点は、明治以降の人びとの〝胃袋〟を満たしてきた社会的な仕組み（一膳飯屋・食堂・共同炊事など）から、さらにその外側にある農業生産・食料流通・市場経済へと広げていくアプローチとして魅力的だ。この〝日常史〟の視座について、著者は「あまりに日常の出来事であり、あまりに身近であるために記録されてこなかった小さな物語が私たちのすぐそばの足もとには無数に存在している」と言う。わが家の〈みなか食堂〉で毎日営まれている「小さな物語」たちは、私にとってもはや「おふくろの味」ではない別の道のりを物語っているのかもしれない。

セシリア・ワトソン『セミコロン』は、約物のひとつセミコロン「；」をめぐる仰天の歴史エピソードを次々に繰り出す。二〇〇ページ弱の本だが、中身はぎっしり詰まっている。いずれの逸話もそれぞれとても興味深かったが、何よりもこの〝約物本〟の翻訳はさぞやたいへんだったのではないだろうか。本文だけではきっと読み込めなかったディテールについてはくわしい訳註が随所に挿入されており、原文に寄り添った訳文の文体も微笑ましい。私もこれからは「；」をもっと使ってみようかとよからぬ？ことを考えているが、タテ書きだといささか使いづらいかも。

千葉聡『招かれた天敵』は私の予想を超える良書だった。「天敵防除」の理念と実例が丹念に掘り起こされていて、現代の保全生物学とのつながりも見える。〝天敵〟をキーワードに、生物どうしの関わり合いと人間模様を歴史的なエピソードをはさみつつ描き出す。私には著者の文体は読んでいてとても心地がよい。近年まれに見る好著なので、分野を問わず幅広い読者層を開拓してほしい。とくに、イデアとしての「自然のバランス」がそのかたちを変容しつつも現代にいたるまで連綿と継承されていくありさまは科学史上のテーマとしても興味深い。一般読者に必ずしもなじみのない昆虫や陸貝（や人物）を配役する著者の手腕は絶妙で、私は即座にあのスティーヴン・ジェイ・グールドの文章を思い出してしまった。

The Correspondence of Charles Darwin, Volume 30 はイギリスで長年にわたって進められてきた〈ダーウィン全書簡プロジェクト　Darwin Correspondence Project〉の最終巻である。進化学者チャールズ・ダーウィンの一万五〇〇〇通に及ぶ全書簡を電子化し、関連資料とともにデータベース化してインターネット公開するというこのプロジェクトは、ほぼ毎年一巻ずつ書簡集として出版してきた。最後の第三〇巻では、チャールズ・ダーウィンが没した一八八二年の書簡一一五ページに加えて、大量の補遺や付録などが六〇〇ページにわたって付けられている。私が最初の第一巻を手にしたのは学位を取ったばかりの一九八五年のことだった。そして年月は流れ、私が退職する年にこの最終巻を手にしたというのはきっと何かの縁だろうと感じつつ、本棚にずらりと並んだ緑色の分厚い書簡集の列を眺めている。

亀山　郁夫

（ロシア文学）

1　アンドレイ・プラトーノフ『幸福なモスクワ』池田嘉郎訳、白水社

プラトーノフの数ある傑作のなかでも、異彩を放つ、知られざる名編。革命で孤児となった少女モスクワが、飛行士として成長し、さまざまな苦難を経て自立する姿を描く。そこには、限りなき未来への熱い信仰はあっても、幻滅はない。原始的生命力と不信が一体となった「狂信」のマグマを言語化するのが、プラトーノフの詩学。原文の豊かな息づきを伝える見事な翻訳である。

2　松里公孝『ウクライナ動乱――ソ連解体から露ウ戦争まで』ちくま新書

ウクライナ戦争の根源と暗部を、ソ連解体にまで遡って語り切ったドキュメンタリー。全編を埋めつくすディテールの数々は、ユーロマイダン革命にまつわる美談をも根本から覆す力をもつ。地域研究と歴史研究に、ほとんど文学的と呼ぶことのできる熱気と豊かな想像力が脈打つ。

3　梅垣昌子『フォークナー　語りの力――その創造性の起源へ』名古屋外国語大学出版会

フォークナーの作家としての特質を、詩人、作家、脚本家の三位一体ととらえ、遍在（「複眼的思考」）と焦点化（「カメラの目」）の二極を往復する作品のダイナミクスを明らかにした。ヨクナパトーファの壮大な物語群が、この三つの「力」の相乗効果に起源をもつことを教えられた。フォークナーは新しい。

4　モアメド・ムブガル・サール『人類の深奥に秘められた記憶』野崎歓訳、集英社

二〇二三年一推しの小説である。セネガル出身の若い作家が、幻の作家T・C・エリマンの足跡をたどり、その「消滅」の謎を解き明かす。伝聞、インタビューその他あらゆる手を尽くして読者を引っぱっていく。圧倒的な熱気、躍動する生命感、随所に顔を出す見事なアフォリズム。文学の持てる力を改めて堪能させてくれる傑作である。

5　水林章『日本語に生まれること、フランス語を生きること――来たるべき市民の社会とその言語をめぐって』春秋社

今や時の人となったルソー研究者による日本語日本論。知的退化と腐敗にまみれた日本と日本政治の現実を、日本語そのものに固有の性格の分析を通して浮き彫りにした。人称代名詞をめぐる分析など読みどころは無数あるが、彼方に天皇制の是非を見据える視点が不気味であり、かつ予言的だ。

増田 聡（音楽学）

ほとんど本を読めなかった一年だった。

1　木石岳『歌詞のサウンドテクスチャー――うたをめぐる音声詞学論考』白水社

出色の歌詞論。これを読まずして今後「うた」について考えることはできない。歌とは言葉ではなく発話でもない。歌唱行為論は言語行為論に還元できない。その事実を具体的にかつ極めてキャッチーに示す一冊。

2　輪島裕介『昭和ブギウギ――笠置シヅ子と服部良一のリズム音曲』NHK出版新書

昨年後半のNHK連続テレビ小説『ブギウギ』に合わせて関連書が多数刊行されているが、必読というべきはこの本。著者一流の博識と綿密な調査によって、戦前から戦後にかけての関西の音楽ならぬ「音曲」の世界がありありと活写される。

3　瀬崎圭二『関西フォークとその時代――声の対抗文化と現代詩』青弓社

これも関西音楽論ではあるが、対抗文化的フォークと現代詩の関係についてここまで掘り下げた研究は稀だろう。詩と詞、言葉と歌の関係についての六〇―七〇年代の模索が、実に緻密な資料調査によって描き出されている。

4　髙宮利行『西洋書物史への扉』岩波新書

浅学ながら著作権史など講じている身として書物史の教養不足を嘆いていたところ実にありがたい一冊だった。メディア論がしばしば単純化する「写本から印刷本へ」といった進化論的図式に回収されない西洋書物史の多彩な実相を豊富なエピソードで紹介してくれる。

5　田中圭太郎『ルポ 大学崩壊』ちくま新書

題名が物語るその通りの内容だが、類書を凌ぐ地道な取材の積み重ねがこんにちの大学の荒廃の深刻な現況をまざまざと伝える。大学関係者、というよりまずもって（進学する大学を選ぶ）受験生こそが読むべき必読書と思う。

鈴木 了二（建築）

1　戦後空間研究会編『戦後空間史――都市・建築・人間』筑摩選書、二〇二三年

七人の研究者によって構成された「戦後空間研究会」の成果である。それぞれが担当するテーマが七本並び、研究会の動機は中谷礼仁による序文「戦後空間の名のもとで」にほぼ要約される。ほんの数年まえなら、まだ残っていた実感としての「戦後」性がすっかり揮発してしまった現在だからこそ、はじめて「戦後空間」は物質性を帯び、乾燥した化石のよう

に扱うことができるのだろう。

2　ディオゴ・セイシャス・ロペス『メランコリーと建築――アルド・ロッシ』服部さおり・佐伯達也訳、片桐悠自監修、フリックスタジオ、二〇二三年

一九三一年生まれのアルド・ロッシが生きた時代もまた上記と同様に、ファシズム以後のイタリアにおける「戦後空間」にほかならなかった。一九七二年リスボンに生まれた建築家ディオゴ・ロペスが早すぎる晩年に書き残したロッシの作品論は、建築計画の方法を「生」の側からではなく「メランコリー」の側から、もっとストレートにいえば「死」の側から再構築を試みた最初の冒険的建築論ではなかろうか。

3　SDレビュー事務局編『SD2023』鹿島出版会、二〇二三年

槇文彦の発案で一九八二年からはじまった、日本ではほかに例のない若い作家に向かって開かれた貴重な建築展「SDレビュー」が四〇周年をむかえた。それを記念して「SDレビューの表現史――ドローイングと模型の40年」というタイトルで一〇年ごとに区切って話者を変え、建築家の門脇耕三がそれぞれインタビューしながら総括している。図らずも自分も含めた当時の作品について再び考えるという経験は相変わらず考えさせられる現代の問題を孕んでいるようだ。

4　二川由夫編『二川幸夫の眼』A.D.A. EDITA Tokyo、二〇二三年

二川幸夫の没後一〇年を記念して作られた大判の写真集。わたしが駆け出しのころ出版され、建築に関心があれば誰もが見ていたにちがいない「GA」シリーズが、まさにこの贅沢な大きさだった。なかなか見かけないこの判型の情報量にあらためて驚く。同時にこの写真集も、二川幸夫が切り取った日本の「戦後空間」だったともいえる。

5　ライオネル・ホワイト『気狂いピエロ』矢口誠訳、新潮文庫、二〇二二年

ゴダールの『気狂いピエロ』の原作がアメリカのノワール小説の傑作（原題「妄執」、フランス語訳「11時の悪魔」）だったことを矢口誠の素晴らしい本邦初訳によってはじめて知った。ゴダールの「ロマンチックな」映画とは違って、恐ろしいほど乾いた原作の面白さはもちろんだが、巻末にそえられた二本の解説、山田宏一「妄執、11時の悪魔、気狂いピエロ」と、吉野仁「コンラッド・マッデンという「気狂いピエロ」」が両方とも無類に面白い。ゴダールを起点に、自分で見つけたセリ・ノワールの小説を気前よくゴダールに教えるトリュフォーの友情から始まると、『ロリータ』を介してナボコフやキューブリックまで、はてはホワイトのもうひとつの傑作『逃走と死と』を介してタランティーノにまで話が広がると、これはもう世界規模の「戦後空間」だ。

小沼 通二（物理学）

1　伊藤憲二『励起——仁科芳雄と日本の現代物理学』みすず書房、二〇二三年

著者が長年にわたり熟成させてきた仁科芳雄論が完成した。仁科の伝記であり、仁科を軸とした日本の現代物理学の発展の詳細な描写である。仁科の活動の幅は非常に広いので、多くの新しい知見を与えてくれる。さらに、仁科の秘書横山すみが整理し、仁科記念財団に保管したまま忘れられていた大量の手書き書簡のカーボンコピーを著者が見つけて分析し紹介してくれた内容は、科学史の重要な業績である。

2　山崎正勝・舘野淳・鈴木達治郎編『証言と検証 福島事故後の原子力——あれから変わったもの、変わらなかったもの』あけび書房、二〇二三年

原子力技術史研究会編『福島事故に至る原子力開発史』（中央大学出版部、二〇一五年）に続く報告。福島第一原発事故当時の菅直人首相と鈴木達治郎原子力委員会委員長代理の証言は貴重。六ヶ所再処理工場の迷走の原因と現状の検証も、今後の根本的解決を望む人にとって必読。

3　市川浩『ソ連核開発全史』ちくま新書、二〇二二年

ソ連の解体後の一九九二年、ロシア連邦大統領令で、ソ連時代の旧秘密資料の漸次公開が指示された。ロシアに人脈を持ち、現地を繰り返し訪ねて、分析を積み重ねてきた者が挑戦した、核兵器の開発と原子力利用の通史である。個別に知っていることもあるが、どのような流れの中で起きたかがわかり有益だった。

4　酒井啓子『「春」はどこにいった——世界の「矛盾」を見渡す場所から　２０１７‐２０２２』みすず書房、二〇二二年

題名にある「春」は「アラブの春」である。ハマスを殲滅するためと言って市民に対する非人道的な攻撃も意に介さないイスラエルのガザ侵攻と、米国政府の支持が続く現在、日本がエネルギー資源の大部分を依存するアラブの歴史と社会、そして市民生活について、我々がほとんど知らなかったことに目が覚める思いだった。興味深かった『移ろう中東、変わる日本——２０１２‐２０１５』（同、二〇一六年）の続編。

5　E・H・カー『歴史とは何か 新版』近藤和彦訳、岩波書店、二〇二二年

一九六一年にケンブリッジ大学でおこなった連続講演は、日本でも翌年に出た岩波新書のロングセラーだったが、著者は第二版を準備しながら永眠した。本書は弟子が編集した一九八七年の第二版の訳である。著者が書き上げていた「第二版への序文」に続く本文は初版と同じテキストの新訳であり、著者が残した第二版への草稿の丁寧な紹介、自叙伝、訳注と

続き、読みやすくなっている。訳者が岩波の『図書』に連載した「『歴史とは何か』の人々」（二〇二二年九月号から二〇二三年一二月号まで全一五回）はそれ自体が独立した読み物であるとともに、本書の見事な解説にもなっている。

（ドイツ文学）

轡田 收

1　中村真一郎『木村蒹葭堂のサロン』新潮社、二〇〇〇年

中村真一郎がネルヴァルの訳者と知ったのは七〇年前。そして『四季』四部作では根底にあるモラリスト的反省（省察）に惹かれ、この国に稀なロマン作家として重視していた。本書と『蠣崎波響の生涯』は出版を待って手に入れたものの、大部ゆえ、当座の仕事との時間の割り振りに悩み、昨秋ようやく繙く次第となった。序章では文化の「伝統と普遍」に触れ、執筆当時の二〇世紀末日本が、〈日常的に否応なしに国際化されて〉いるが、「民度」からすると〈混乱と分裂の有様で〉優秀な若者が育っている一方、〈単なる日本猿の親戚に過ぎない、絶望的な未開の大衆も生産され〉〈もし彼らが民主主義の原則に従って多数を占め、権力を握った時……悲惨な世界が出現するだろうと、慄然とする〉と、まさに「予言」を提示している。

そうしたいわば絶望的な状況を前にして、中村は一八世紀後半の大坂の商人町で形成されていった博物・図書の総合情報センターともいうべき蒹葭堂を舞台に、そこに出入りした学者、画家、歌人、詩人たちが一種の「文学共和国」を生み出していったさまをじつに克明に跡づけることによって、安息をえようとしている。この精神はかつて第二次世界大戦中の加藤周一や福永武彦らとのマチネ・ポエティクですでに育まれていたのであろう。

現今でこそ木村蒹葭堂の研究は相当深化しているようだが、本書はそれまで流布していた蒹葭堂主人世粛の伝記を改め、実像を探り当てる傍ら、蒹葭堂に出入りしたか、交流したと覚しい人びとの著作に逐一当たっていくので、当時の京、大坂を中心とした文化のありようが如実に伝えられるのはありがたいが、漢文の素養のない者にとって、詩の良さを読み解くのは困難極まりなかった。ところが著者は、ときにフランスの詩人を並べて見せるという粋な計らいをしてみせる。その一方、これは趣味の問題だろうが、つぎつぎに興味ある著述、書籍を突きつけられて、例の如く悪癖で検索・詮索・穿鑿をした挙げ句、寄り道ばかりしてしまった。おかげで、司馬江漢の『江漢西遊日記』や安東次男（かつて国学院グループのアンツグとして身近に感じていたのを思い出す）の『与謝蕪村』、はたまた中村真一郎『江戸漢詩』を机上に見る羽目に。

ところで、「サロン」というと、まずはフランスの王宮に始まったものの、ドイツなら、ハイネも招かれたベルリーンのラーエル・ファルンハーゲン・フォン・エンゼのように貴族の教養ある女性像を思い浮かべるのだが、中村はもっと広くとらえ、共通感覚に基づく文化発生の場と理解している。それが幕藩体制維持のため次第に学術思想を規制拘束していった江戸から離れた大坂商人を中心に維持されたところに着眼点がある。

「草堂規条」によると、「静座沈吟」「劇談笑語ハ最モ構思ヲ妨グ。宜シク之ヲ戒メヨ」とあるから、談論風発、自由討議の場ではなかったようだ。ただ言説の制約はなく、相互作用的に各人各様の「爛熟した社交的芸術」が育った点で、特有の文化状況が生み出されている。

諸家諸説が満載されている中で、杉田玄白の『狂医の言』は注目に値すると思った。これは漢文による蘭学擁護論で、しかも「方と法」、技術と理論の別を論じている。宗教的あるいは信仰的な学問観批判が述べられ、根底には弁証法的な思考が見られ、「衣冠文物（は）……風土ノ宜シキニ従フ」のように地政学的な見識が注目に値する。江戸時代、土木や測量の技術に長けていたにもかかわらず、蘭学から数学を取り入れなかったために理論形成が行われなかったことを惜しむ立場の人間として、特記したくなった。

二段組七〇〇ページにおよぶ本書は軽々に論じられないのは言うまでもなく、この国の政治社会状況と学芸のあり方を反省するすぐれた機縁になることは間違いない。

ついものがものだけに長広舌を振るってしまった。この他にロジェ・グルニエ『書物の宮殿』（宮下志朗訳、岩波書店、二〇一七年）、ローラン・ビネ『言語の七番目の機能』（高橋啓訳、東京創元社、二〇二〇年）、奥山景布子『元の黙阿弥』（エイチアンドアイ、二〇二三年）について書こうと思っていたが、紙数をとることを憚ります。

野谷 文昭 （ラテンアメリカ文学）

1　マリアーナ・エンリケス『寝煙草の危険』宮﨑真紀訳、国書刊行会

アルゼンチンの作家の一二編からなる短篇集。ラテンアメリカのホラーを書こうとしている彼女の作品は、暴力、貧困といった社会的問題と民間伝承や土地の要素を融合させ、リアリティを獲得している。とりわけその強烈な臭いを放つ物質感が独特で印象的。

2　フェルナンダ・メルチョール『ハリケーンの季節』宇野和美訳、早川書房

メキシコの作家による長篇。死体で始まる倒叙法的構成や、

「皮膚を小さな珊瑚に似た苔におおわれてきていた人びと」といった表現、肉体を物質的に捉えるところに彼女がガルシア゠マルケスから学んでいることがうかがえる。性描写も女性作家には見られなかった生々しさが特徴的だ。

3　イレネ・バジェホ『パピルスのなかの永遠——書物の歴史の物語』見田悠子訳、作品社

文献学者であり作家でもあるという著者の文章はしなやかで、古代を鮮やかに甦らせるかと思えば、現代の強制収容所の光景を的確な言葉で浮かび上がらせる。死の淵にあった人々にとり、書物や文学がいかに生き延びるための役に立ったか、その効用を説く彼女の声はとても刺激的だ。

4　フアン・ビジョーロ『証人』山辺弦訳、水声社

ヨーロッパで自国の詩人について研究するメキシコ人の男が研究休暇で帰国する。彼の目と意識により、メキシコとは何かという伝統的な問題が考察される。ことに自国の政治的変化に注目し、それが何をもたらしたかなどが正面から語られるあたりに、この作家の真摯さがうかがえる。

5　レイナルド・アレナス『真っ白いスカンクたちの館』安藤哲行訳、インスクリプト

『夜明け前のセレスティーノ』に続く自伝的小説。革命期のキューバを背景とし、死神が自転車の車輪で遊んでいるというイメージで始まる。貧しく抑圧的な農村の家を出て、革命勢力に参加しようとする主人公の姿が、詩人ならではの感性とみずみずしい言葉で描かれる。

川本　隆史

（社会倫理学）

1　原爆の図丸木美術館編『ピカドン』初版オリジナル復刻版、琥珀書房、二〇二三年（オリジナル版は平和を守る会編『ピカドン』ポツダム書店、一九五〇年）／岡村幸宣・小沢節子・鳥羽耕史・鷲谷花・高橋由貴解説『『ピカドン』とその時代』琥珀書房、二〇二三年

新制東京大学の学生たちが結成した詩サークル「明日の会」の機関誌『ぼくたちの未来のために』全三六冊（一九五〇年六月—一九五八年一月）が、田口麻奈さんの周到綿密な別冊解説を付して復刻された（二〇二三年二月）。「あらゆるものに抗してひたすら人間をうたうこと」を目指した〝ポストわだつみ〟世代の文化運動のドキュメントに続いて、琥珀書房の山本捷馬さんの手により上梓されたのが、丸木位里・赤松俊子の共作絵本の初版（四六判並製、六四ページ）リプリントである。底本は占領下の一九五〇年八月六日発行なので、ちょうど「明日の会」メンバーの詩作・批評活動の始期とシンクロしている。その後この小品は、大江健三郎の『ヒロシマ・ノート』（岩波新書、一九六五年）の挿絵カットと

キャプションに採用され、心ある読者を惹きつけてきた。

作者ゆかりの美術館が入念に編纂した解説図録も充実しており、合わせて一八〇〇円という本体価格の設定からは、絶版良書の再刊・普及に賭ける版元の心意気が伝わってくる。

2　中国新聞社編『広島県大百科事典』一九八二年

中国新聞創刊九〇周年記念出版。刊行委員会事務局長・大牟田稔（一九三〇—二〇〇一年）のもと三年の歳月をかけ一一四〇余人の識者を動員した総項目数は、およそ八〇〇〇に達している（上下巻それぞれ九二五ページと九三九ページ）。このユニークな百科事典の存在については、同紙記者の道面雅量さんに教わっていたのだが、広島市中心部の地下街で開かれていた古書市で現物と初遭遇し、揃い二〇〇〇円という安さに釣られて購入に踏み切った。

1に挙げた絵本に関しても、独立項目「ピカドン」（表紙のモノクロ画像付き）が設けられており、「刊行後、発禁処分となる。紙芝居形式で、当時の広島の惨状を、平和を願う老婆が語り継ぐ、という筋立てで展開するが、老婆が丸木スマをモデルとしているように、丸木一家の実体験と見聞が中心にある」との記載がなされている。当該項目を執筆したのは、詩人にして原爆文学研究者の長岡弘芳（一九三二—八九年）である。

3　寺尾誠『歴史哲学への誘い——哲学者 花崎皋平との対話』暮しの手帖社、二〇一七年

四十数年も昔、初任校の学生有志と始めた読書会で花崎皋平さんの『生きる場の哲学——共感からの出発』（岩波新書、一九八一年）を読み合せた。それ以来、我が座右に置いて学問の鑑としてきている。この新書の四五ページに、ベトナムの哲学者チャン・デュク・タオの『言語と意識の起源』（花崎皋平訳、岩波書店、一九七九年）に対する「批判的論評で……わたしをつよくゆすぶったものがあった」との弁が読める。それが旧友の寺尾誠（一九三〇—二〇一五年）から届いた長大な書簡（九カ月を費やして一九七九年一〇月三一日に擱筆。便箋一一〇一枚！）にほかならず、送り主の死後、慶應義塾大学経済学部大学院の寺尾ゼミ関係者によって公刊されていたのである（A5判、上製、五一六ページ）。版元の内容紹介には「西洋経済史家と哲学者による智の饗宴。漱石、西田幾多郎、内村鑑三を論じ、日本のキリスト教と経済学の歴史から読み解く現代世界と日本」とある。

岩井隆夫さんの解題・あとがき・詳細な索引を増補したこの稀覯本を、第七〇回原爆文学研究会の懇親会（二〇二三年一二月九日、広島市中区のお店）で知り合ったばかりの中村平さん（広島大学文学部／人類学・日本学）が恵与くださった。「一人の歴史「学者」の知的営為の記憶の伝承と再生」（「あとがき」より）の醍醐味をたっぷり味わっている。

一読して判明した、ある事実の真相に驚嘆した——吉本隆明の長編評論「喩としてのマルコ伝」は、日本ＹＭＣＡ同盟学生部主催の第五回夏季ゼミナール（一九七七年八月三一日／東山荘）において「喩としての聖書」と題して講演した際の準備ノートをもとに書き下ろされ、翌年刊の『論註と喩』（言叢社、一九七八年）に収められている。吉本の講演を仕組んだ張本人こそ、当時ＹＭＣＡを指導する任にあった寺尾その人だったというのである。

４　『思想の科学』創刊号（先駆社、一九四六年五月一五日発行、一万部、三五ページ、税共定価二〇〇銭、年四回発行、送料共一年分一六円）

　中野敏男さん、初見基さん、三島憲一さんの三名が、社会思想史学会第三五回大会（二〇一〇年）においてスタートさせた連続セッション「戦後思想再考」だが、その二回目以降の企画・運営に私も加えてもらった。そしてセッション一〇回目を迎えた第四六回大会（二〇二一年）より、「始まりを問い質す」という副題を添えて、日本の「戦後思想」が始動する時点に焦点を絞り、「始まり」の形および思想的内実を吟味してきた。その準備の一環として、雑誌『世界』初期号（創刊号は一九四六年一月発行）の〝つぶし読み〟月例Zoom ミーティング——同誌の表紙から編集後記にいたるほぼ全頁のスキャンＰＤＦを〝しらみつぶし〟に精読するという趣向——を継続している。

　この協働作業を受けるかたちで、正統派の『世界』と一線を画しつつ鶴見俊輔ら七名が立ち上げた新雑誌『思想の科学』の〝つぶし読み〟に着手している。武谷三男の巻頭論文「哲學は如何にして有效さを取戻し得るか」や鶴見の論壇デビュー作「言葉のお守り的使用法について」が並ぶ創刊号は、古書店目録で見つけて購入した。その後「国立国会図書館デジタルコレクション」に同誌の第一—五巻のＰＤＦが公開され、送信サービスでの閲覧が可能となったのには、大助かりしている（https://dl.ndl.go.jp/pid/11187713）。

５　ブレイディみかこ「センセイ考」（『みすず』二〇二一年一一月号—二〇二二年一一月号／全四回）

　大学を定年退職したのに伴い、東京の自宅（集合住宅）に溜め込んだ本や雑誌の整理・仕分けに取りかかった。そこに顔を出した本好きの長女が、山積みの雑誌の中に埋もれていた『みすず』のバックナンバー群を発掘してくれたのである。ブレイディさんファンの娘のお手柄に感謝せねばなるまい。「君たちは偏差値じゃないんだ」と諭す高校時代の恩師・藤山正紹《まさあき》センセイの教育が彼女のなかに「原動力《モビル》を生まれさせる」（シモーヌ・ヴェイユ）ものとなったこと、さらにセンセイのお父ちゃんがあの滝沢克己（一九〇九—一九八四年）だったという秘話やらを書き連ねた後、「おそらく一人だけ大学進学をしなかったわたしのことをケアしてくださっていた」センセイの感銘深い肯定《イエス》の言葉でもって締めくくられる。

前作『リスペクト――R・E・S・P・E・C・T』（筑摩書房、二〇二三年）は、行政の理不尽な退去要求に果敢な《抵抗》を試みたロンドンのシングルマザーたちの物語であり、月刊誌『ちくま』の連載がもとになっていた。同じようにこの佳編も、単行本化される日が来るのを待ち望んでいる。

伊藤　憲二　（科学史）

今年（二〇二三年）、科学史分野では重要な本や翻訳がいくつか出た一方で、幾人もの人たちを失った。私自身も『励起――仁科芳雄と日本の現代物理学』（みすず書房）をようやく上梓することができたが、書きながら読者としてつねに念頭にあった江沢洋先生や亀淵迪先生が亡くなられた。

1　Evelyn Fox Keller, *Making Sense of My Life in Science: A Memoir*, Modern Memoirs, 2023

最も喪失感が強かったのはこの人の死だった。K・シムラとの共編著 *Cultures Without Culturalism: The Making of Scientific Knowledge*, Duke University Press, 2017 に結実した研究合宿に参加したとき、大変親切にしてもらったことが忘れられない。なぜいつも彼女があのような笑みを絶やさずにいられたのか、これを読めばわかると思ったが、まだ得心できていない。

2　ブリュノ・ラトゥール『パストゥール――あるいは微生物の戦争と平和、ならびに「非還元」』荒金直人訳、以文社、二〇二三年

留学したとき、最初のゼミでこの本の英語版を読んだ。科学史の学生には、ラトゥールの本のなかで最適だと思う。ラトゥールは去年亡くなり、そのゼミの担当者の一人だったエヴェレット・メンデルソーンも今年亡くなった。

3　トマス・S・クーン『科学革命の構造　新版』青木薫訳、みすず書房、二〇二三年

今年は科学史とその周辺で重要書籍の翻訳がつづいたが、これより重要な本はない。青木薫氏の見事な新訳に多少なりとも貢献できたこと、イアン・ハッキングの素晴らしい解説が翻訳されたことが嬉しい。そのハッキングも、クーンの弟子のジョン・ハイルブロンも、クーンの『コペルニクス革命――科学思想史序説』（講談社学術文庫、一九八九年）の訳者でもある常石敬一さんも、今年亡くなった。

4　Aya Homei, *Science for Governing Japan's Population*, Cambridge University Press, 2022

昨年の古川安『津田梅子――科学への道、大学の夢』（東京大学出版会）、Harald Kümmerle, *Die Institutionalisierung der Mathematik als Wissenschaft im Japan der Meiji- und Taishō-Zeit*

（*1868–1926*）, Leopoldina、今年はこの本と私の『励起』、そして来年は水島希らの共編著が見込まれるなど、葉山科学史科学論ゼミナールプロセスを共有した出版が続き嬉しい。この本は日本において人口と人口学がどのように考えられてきたかを、多様なアクターの時にトランスナショナルな活動を通して描きだすもので、日本で人口問題がどのように考えられてきたかについて必読であると同時に、それを歴史記述する仕方のお手本でもある。

ノーマ・フィールド

（Norma Field　日本文学）

1　Kerri ní Dochartaigh, *thin places: a natural history of healing and home*, milkweed editions, 2021

ブレグジットとはどんな現象だったのか。多少の情報と自分なりの決めつけで済ませていた私はこの本と出会って、まずは想像力の乏しさを恥じた。しかし、それにも増して、著者の発想と文体に惹きつけられた。彼女は南の国境に近い、北アイルランドのデリーという都市で、カトリックの母親、プロテスタントの父親の間に生まれた。一歩家を出れば紛争に巻き込まれかねない。でも、家の中の人間関係も傷だらけだった。そんな故郷をしばらく離れるが、戻ったときには皮肉にもブレグジットが取り沙汰されていた。またヨーロッパから、アイルランド共和国から隔離され、破滅的な世界に戻るのは耐えられない。

幼少期から成人になる過程での葛藤は現代の政治社会、自然界、そしてイギリス最古の植民地ともいわれるアイルランドの古代文化の痕跡を入り交ぜて語られる。危うい場面はいくつもある。救いは冬空を静かに舞う白いガ。シャクシギの群れが放つ鳴き声。脳裏に潜んでいたゲール語の表現。そして、受け入れ、支えてくれる大西洋の荒波。

2　トリシャ・T・プリティキン『黙殺された被曝者の声――アメリカ・ハンフォード 正義を求めて闘った原告たち』宮本ゆき訳、明石書店、二〇二三年

アメリカに膨大な数の被ばく者がいることをどれだけの日本人が知っているだろう。いや、どれだけのアメリカ人が認識しているかをまず問うべきかもしれない。二〇二三年の夏、大入りしたハリウッド映画『オッペンハイマー』には注目すべき点がいくつもあるが、この事実は知らせてくれない。

西海岸ワシントン州の内陸に位置するハンフォードは長崎原爆に使われたプルトニウム製造施設だ。戦時中から冷戦まで、複数の核兵器用のプルトニウムを製造する原子炉が作動し、北米有数の放射能汚染地だ。当然、環境だけでなく、下働きの労働者や技術者、周辺住民の健康被害も凄まじい。ここではさまざまな疾患で苦しむ住民が紹介されているが、特

に甲状腺疾患が、長く続いた法廷闘争の中心として描かれている。さまざまな病状を押して弁護士となった筆者はこの闘いの法律的、医学的側面をしっかり辿り、それを宮本ゆきが懇切丁寧に訳している。

「敵」を想定して用意される核兵器がまずは自国民を傷つける、という核の歴史に欠かせない事実を伝えてくれる書だが、日本の読者に特に関心を持ってほしい理由は二つある。一つはあろうことか、ハンフォードが福島復興のモデルとされている現状。浜通りは「イノベーションコースト構想」により先端技術や創造力と国際性を誇る教育の拠点になるそうだ。当然、汚染も被ばくも話題にしにくい。もう一点は、甲状腺がん。チェルノブイリ事故後一〇年かかったが、国際原子力村は小児甲状腺がんに限って、事故との因果関係を認めた。日本政府は失敗を挽回するかのように、是が非でも小児甲状腺がんのクラスターと事故との因果関係を否定している。被ばく被害を否定し、次世代を犠牲にしてでも未来に進めると考えているらしい。

3　Geraldine Woods, *25 Great Sentences and How They Got That Way*, W. W. Norton & Company, 2020

「文章作法」の類いの書物は日本のほうがアメリカよりポピュラーに思える。この異色の本は英文のセンテンスを単位に構成されている。卓越した例――これらは「グレイト」であって、「ベスト」などというつもりはない、と著者は断わっている――を各章の冒頭に掲げ、その仕組みを生き生きとした筆致で解く。そして、その章のテーマ（第一部「構造」では「ポケット方式」「対句法」「質問」など）に即した例を多数並べる。最後に、「For the writer」という枠組みに、いくつかの楽しい練習問題が提出されている。年齢にかかわらず挑戦できる宿題だ。実際、筆者は長らく国語（つまり“English”）の教諭だった。

しかし、ここには「教える」という構えは一切感じられない。生涯を通して文章に浸り、その底を突くことのない不思議を一緒に探求してみようではないか、という誘いに付いていきたくなる。例文の出典はシェイクスピアやジェイン・オースティンもあれば、児童書、ポップ・ソング、宣伝文句と実に幅広い。民主的なのだ。「マラソン文」ときわだって長いセンテンスを取り上げた章の例文はキング牧師の「バーミンガム刑務所からの手紙」からのものだ。この有名な、自他に畳み掛ける言葉が一つのセンテンスからなっていることにはじめて気付かされた。

長く大学を職場としたものとして、この本を読みながら若き日の言葉への、そして文学への愛着が蘇る兆しを実感した。日本語版だったらどうなるだろう、と想像してみたところ、翻訳も面白いのでは、と。日本は中国語にはじまり、翻訳大国ではないか。英語の支配的な性格も、この本ととりくむことを通して、双方に予想できない変革を起こし得るのでは？と楽しくなる。

（作家）

吉岡 忍

1 P・グッドマン『不条理に育つ――管理社会の青年たち』片桐ユズル訳、平凡社、一九七一年
2 デヴィッド・グレーバー『ブルシット・ジョブ――クソどうでもいい仕事の理論』酒井隆史・芳賀達彦・森田和樹訳、岩波書店、二〇二〇年
3 鶴見俊輔「方法としてのアナキズム」（『鶴見俊輔コレクション2 身ぶりとしての抵抗』河出文庫、二〇一二年所収）

大量生産・大量消費が当たり前になりつつあった一九五〇年代、グッドマンは勢いづく資本主義がブルーカラーの若い労働者たちに単純で反復的な仕事しか与えていない現実にあきれ、人間の尊厳を奪い、不毛な社会をつくっていると怒った。ヘーゲルが提起し、マルクスが資本主義分析の過程で批判的に引き継いだ「疎外」概念の、それは具体的なあらわれだった。

それから半世紀以上が過ぎた二一世紀はじめ、グレーバーは高い賃金を保障され、豊かな生活を享受しているはずのホワイトカラーこそが、じつはやりがいもなく、無益どころか有害ですらある仕事に就かされ、ひどく傷ついている内面を描いた。ブルシット（クソどうでもいい）仕事とは、たいていのCEO、ロビイスト、広報や人材管理やテレマーケティングのスタッフ等々、いまやどの企業や官庁でも中心を担っている人々のそれである。

この分析の卓抜なところは、現代社会の支配者たちがこうした意味のない仕事をする人々（ホワイトカラー）をたきつけ、意味のある仕事をしている人たち（ブルーカラー）への憎しみや敵意をあおっているところに目を向けた点にある。実際どの国でも、他者に寄与する仕事であればあるほど、得られる賃金は少なく設定されている。

両書を読んで私がおもしろく感じたのは、二人がともにアナーキズムへのシンパシーを隠さないことだ。アナーキズムは「無政府主義」と訳されるが（この日本語訳は間違いだ、と喝破したのは台湾の政治家・プログラマーのオードリー・タンだ）、もともとは古代ギリシア語の「執政官のいない」状態を指す。それを鶴見は「権力による強制なしに人間がたがいに助けあって生きてゆくことを理想とする思想」と定義し直し、社会の複雑さに負け、そのルールを習得し、守るのに精いっぱいになるだけで終わる人生ではない、オールタナティブな生き方の指針とした。

過剰な国家や国意識をもてあましている現代に、この三冊は知恵の光を投げかけている。

早川 由真 （映画研究）

1 青山真治『宝ヶ池の沈まぬ亀Ⅱ ある映画作家の日記2020-2022――または、いかにして私は酒をやめ、まっとうな余生を貫きつつあるか』boid、二〇二二年

二〇二三年には『青山真治クロニクルズ』（リトル・モア）と『青山真治 アンフィニッシュドワークス』（河出書房新社）も出版された。ここでは二〇二二年末に出た本書を挙げておく。だが本書については、うまく語れない。大瀧詠一のいう「勉強家」として生きるとはたぶんこういうことであって、これほど一を聞いて十を知るようには生きられなくとも、私もこのように生きたいと思う。それだけだ。グレタ・ガーウィグ『ストーリー・オブ・マイライフ』を振り返った一節を引用しておく。「本作を貫いている感情は失うことの辛さである。そして言うまでもなく、人生とは失うことの連続だ。この辛さを克服する方法は、昔からただ一つ、別の形で記憶を残すことである。矛盾したような言い方だが、人生にできることはそれしかない。ただ、これは復讐ではなく、ささやかなお返しである。捧げ物と言ってもいい。そしてここでも記憶に残るのは笑顔ばかり。この作品とともにこの春が開いた気がした」。

2 河野真理江『メロドラマの想像力』青土社、二〇二三年

映画論を中心とした論集。「撮影所時代の日本映画という専門を離れて「お題」に応えて書けば書くほど、河野さんは書き手としての声《ヴォイス》を獲得し、声を通して「わたし」という語るペルソナを確立していった」と素晴らしい「解説」で木下千花氏が的確な指摘をしている。特に大林宣彦、岩井俊二、ペドロ・コスタをめぐる論考あたりが、文章の強度という点で本書の白眉だと私は思う。酒の席で感想を伝えることはもうできないが、著者の声で脳内再生される本文を読みながら、いまの一行は唸りましたよ、さすがですね、などと独りで呟いた。

3 山根貞男『映画を追え――フィルムコレクター歴訪の旅』草思社、二〇二三年

失われたはずの数々の傑作フィルムを追いかける情熱的な取材の記録。そこにふと、たとえばロシアのゴスフィルムフォンドで日本映画のフィルムを調査するなか蓮實重彦氏や冨田三起子氏とビールで酔っ払う微笑ましい挿話が現れる。そうした緩急が絶妙で、まさに活劇と呼ぶべきか、とにかく面白い。生駒山にいる伝説のフィルムコレクターを追った記録を夢中で読み終えたあとの、なんともいえない寂寞とした感

じも忘れがたい。

4　ジャン＝リュック・ゴダール『アワーミュージック』日本版ＤＶＤブックレット、アミューズソフトエンタテインメント、二〇〇六年

ゴダールは一貫して反シオニスト・親パレスチナの態度を表明してきた。目下の状況について調べ物をするなか、ふと思い立って本冊子を久々に紐解けば、浅田彰氏はパレスチナ人をユダヤ人の切り返しショットとして「歴史の悪しき反復」に取り込む face to face の思想に対する side by side の思想を読み解き、菊地成孔氏はフランソワ・ミュジーの音響に唸り、青山真治・阿部和重・中原昌也の各氏は出鱈目な勢いとともにゴダールの一番美味しいところを鋭く突いていた。郷愁でも追悼でもなく、二〇〇五年頃の熱気を再生すること。「勉強家」として生きるにはこうしたグルーヴが要る。

5　三浦哲哉『自炊者になるための26週』朝日出版社、二〇二三年

自炊だからこそ味わえる快楽、それは「風味」だと著者は言う。そこはかとない官能を爽やかに漂わせる筆致は、それ自体が焼きたてのトーストのように読者を惹きつける。たとえば青魚の捌き方を解説するなかに現れる次の一文。「箸につまんだいわしをしょうゆにさっと触れさせると、しょうゆの表面に脂がさーっと広がってゆきます」。イメージが喚起される。「食の感動の大きな部分は、遠くの何かを「映す」力によってもたらされる」、つまり「風味は映像である」。映画研究者である著者の思考のなかで、食と映画とが結びつく。その筆致には、自分の手で料理をしてきた者の確かさとしなやかさとがある。さながらカンフー映画のマスターのようだ。生の悦びを思い出させてくれる智慧の書、渾身の一冊だと思う。

小谷　真理　（ＳＦ＆ファンタジー評論）

1　キム・スタンリー・ロビンスン『未来省』瀬尾具実子訳、二〇二三年

例年にはない暑い夏に呻きながら読み、驚嘆した本格ＳＦ。西暦二〇二五年国連に〈未来省〉が設置され地球温暖化への対策が試みられるという設定。膨大なリサーチから紡ぎ出されたＳＦ的発想は未来に向けてかなり参考になるのは間違いなく、心強い。

2　Ｗ・アーヴィング『アルハンブラ物語』齊藤昇訳、光文社古典新訳文庫、二〇二二年

グラナダの旅に携えていった普及の名作。一九世紀前半に書かれたとは思えぬほど現代的。確かにイスラム文化圏の蓄積濃厚なアルハンブラ宮殿を目の当たりにすると、レコンキ

スタの流れに追い詰められ、滅び去ったムーア人らの歴史に興味を惹かれる。最後の王ボアブディルの運命は特に印象的。アーヴィングは現地の図書館に通い文献を渉猟し、現地の人々をインタビューし、それらを物語風にまとめている。まさに文化人類学的な手つきだ。ファンタジー史的には一九世紀に流行した騎士道ロマンスとムーア人らの伝説との関わりに目が開かれた。

3　水田宗子『吉原幸子　秘密の文学——戦後女性表現の原点』思潮社、二〇二三年

フェミニズム批評本領発揮ともいうべき評論書。「秘密」をキーワードに、文学における秘密性を考察している点が啓発的で、さらに吉原作品へ母娘関係性とレズビアン性という二方向からアプローチを試みる。

4　川崎賢子編『左川ちか詩集』岩波文庫、二〇二三年

夏に小樽文学館で左川ちかの展示に触れた後、偶然にも刊行された本書を、その奇遇に感動しながら読んだ。巻末解説は批評史序説の趣。全体的にバランスの取れたすばらしい監修。

3と4ともに扱っている詩人らのほとばしり出るような言葉の激しさを、ごく自然に、しかし真摯に受け止め分析している。知的な安定感のなかに優しさが内包されており、批評の姿勢に共感を覚える。

5　斜線堂有紀『本の背骨が最後に残る』光文社、二〇二三年

奇抜な設定から予期せぬ方向への展開、そして衝撃的な読後感が残存するラスト。こんな読書体験は到底忘れられるものではない。ダイナミックで痛切に迫る幻想力には痺れっぱなしだ。

鵜飼　哲　（フランス文学・思想）

1　徐京植『メドゥーサの首——私のイタリア人文紀行』論創社、二〇二〇年

2　坂元ひろ子『中国民族主義の神話——人種・身体・ジェンダー』岩波書店、二〇〇四年

3　ジュディス・バトラー『分かれ道——ユダヤ性とシオニズム批判』大橋洋一・岸まどか訳、青土社、二〇一九年

4　Daud Abdullah, *Histoire de la politique étrangère du Hamas*, trad. Par Christophe Oberlin, Erick Bonnier, 2023

5　Julien Cohen-Lacassagne, *Berbères juifs: L'émergence du monothéisme en Afrique du Nord*, La Fabrique, 2020

1　一二月に急逝した在日朝鮮人作家のイタリア美術紀行。韓国の読者に向けて日本語で書かれた本の日本語版。モランディ論とトリノ紀行が特に印象深い。記憶と夢にさいなまれつつ新たな出会いを求める著者の足取りは唯一無比のリズム

を刻む。徐京植さんの目と声は私たちの世代にとってかけがえのない導きだった。おそらく、これからも。

2　一〇月末にやはり突然旅立ってしまった、親しい友人の歴史家の作品。中国の現代史、とりわけジェンダーおよび人種の表象と絡み合った歴史の諸相について、膨大で大切な事柄を教えてもらった。教育の場でも、社会運動の領域でも、坂元さんのおかげで進めることのできた、長年の共同作業を感謝とともに思い返す。

3　一二月初めに訪れたパリで、「反ユダヤ主義とその政治利用に反対し革命的平和のために」と題された著者の講演がパリ市の行政命令で中止されるという事態に出会う。「公共の秩序を乱す恐れ」があるという理由である。全世界の目前でパレスチナ人のジェノサイド、民族浄化が強行されつつあるさなか、西洋社会の主流派が反シオニストのユダヤ人知識人の発言をこれほど恐れていることに驚く。サイード、ダルウィーシュによるパレスチナの歴史経験の思想表現を、レヴィナス、ベンヤミン、アーレント、レーヴィなど、二〇世紀のユダヤ人思想家の著作と突き合わせつつ平和共存の隘路を探る粘り強い思考の歩みに、今日の古典と呼ぶべき風格を感じる。

4　パレスチナ人のイスラーム主義抵抗組織ハマースについて、長年パレスチナ問題に関心を寄せながら、一〇月七日の出来事以降、自分がほとんど何も知らなかったことに気づく。本書はこの組織の外交政策の歴史を詳細にたどった貴重な仕事。「テロリスト」という言葉が乱発されるときにはかならず隠されていることがある。それも膨大に。パレスチナ問題の今後を考えるためにも、つねに知る努力を怠ることはできない。

5　シュロモー・サンド『ユダヤ人の起源』（二〇〇八年）以来、地中海沿岸各地のユダヤ人共同体の形成過程について定説を覆す研究の刊行が続いている。パウロのキリスト教以前に古代ユダヤ教自体に強い宣教志向があったことが重視され、第二神殿破壊後の民族離散という表象自体が問い直されている。本書は北アフリカのベルベル文化圏とユダヤ教の出会いをたどり直し、ローマ、キリスト教、後のイスラームとのかかわりにも新たな光を当てる。イスラエル国家の根幹をなす全世界のユダヤ人の「帰還権」は、歴史研究の進展につれてその根拠を失いつつある。

読書アンケート 2023
識者が選んだ、この一年の本
みすず書房編

2024年 2月16日 第1刷発行

発行所 株式会社 みすず書房
〒113-0033 東京都文京区本郷2丁目20-7
電話 03-3814-0131(営業) 03-3815-9181(編集)
www.msz.co.jp

本文組版 キャップス
印刷・製本 中央精版印刷

ISBN 978-4-622-09689-4
[どくしょアンケート 2023]